L'INTERACTION PROFESSIONNELLE
PROFESSIONNELLE
EFFICACITÉ ET COOPÉRATION

Collection INTERVENIR

dirigée par MAURICE PAYETTE

La **collection Intervenir** s'adresse aux praticiens qui, à travers leurs activités professionnelles, aident les acteurs d'un milieu à s'engager dans un processus de changement ; les titres de cette collection proposent aussi bien des cadres conceptuels que des modèles d'intervention favorisant la rigueur, la cohérence et l'efficacité des pratiques professionnelles.

Déjà parus :

Connaître par l'action
Yves ST-ARNAUD
• 1992, 110 p., broché [2-7606-1557-X]

L'Enquête feed-back
Robert LESCARBEAU
• 1994, 155 p., broché [2-7606-1628-2]

L'Évaluation dans l'action
Ricardo ZÚÑIGA
• 1994, 200 p., broché [2-7606-1596-0]

Gérer les catastrophes
Hélène DENIS
• 1993, 248 p., broché [2-7606-1598-7]

Planifier et évaluer l'action sociale
Ricardo ZÚÑIGA
• 1994, 225 p., broché [2-7606-1631-2]

Profession : consultant
Robert LESCARBEAU, Maurice PAYETTE, Yves ST-ARNAUD
• 1990, 342 p., broché [2-7606-1539-1]

Thérapie brève et intervention de réseau :
une approche intégrée
Jérôme GUAY
• 1992, 189 p., broché [2-7606-1556-1]

Collection INTERVENIR

dirigée par MAURICE PAYETTE

L'INTERACTION PROFESSIONNELLE
EFFICACITÉ ET COOPÉRATION

Yves St-Arnaud

LES PRESSES DE L'UNIVERSITÉ DE MONTRÉAL

C.P. 6128, succursale Centre-Ville, Montréal (Québec), Canada, H3C 3J7

Données de catalogage avant publication (Canada)

St-Arnaud, Yves, 1938-

L'interaction professionnelle : efficacité et coopération

(Collection Intervenir)

Comprend des réf. bibliogr.

ISBN 2-7606-1666-5

1. Communication interpersonnelle. 2. Communication dans les organisations. 3. Relations intergroupes. 4. Interaction sociale. 5. Praxéologie. I. Titre. II. Collection

HF5549.5.C6S24 1995   658.3'145   C95-941121-6

Les Presses de l'Université de Montréal tiennent à remercier le ministère du Patrimoine canadien, le Conseil des Arts du Canada, le ministère de la Culture et des Communications du Québec et l'Université de Montréal pour le soutien constant qu'ils apportent à leur programme éditorial.

ISBN 2-7606-1666-5
Dépôt légal, 3ᵉ trimestre 1995
Bibliothèque nationale du Québec - Bibliothèque nationale du Canada
© Les Presses de l'Université de Montréal, 1995
Imprimé au Canada

TABLE DES MATIÈRES

INTRODUCTION

Dans le domaine de la pratique professionnelle, on reconnaît aujourd'hui le principe d'une double compétence : une compétence disciplinaire reliée à la maîtrise du savoir et du savoir-faire propre à une discipline d'une part, et, d'autre part, une compétence interpersonnelle reliée à l'utilisation du savoir et du savoir-faire dans l'interaction.

Depuis une cinquantaine d'années, la pratique professionnelle a fait l'objet de nombreuses recherches scientifiques. Les milieux universitaires utilisent dans leurs recherches les méthodes éprouvées de la science appliquée ; ils fournissent aux praticiens[1] des données de plus en plus précises au sujet des situations sur lesquelles ils interviennent. Le savoir s'accumule et contribue à développer la compétence disciplinaire des intervenants.

La compétence interpersonnelle, pour sa part, a longtemps été laissée pour compte. Plusieurs considèrent encore la pratique professionnelle comme la rencontre d'une science et d'un art ; les habiletés interpersonnelles du praticien se développeraient selon le modèle propre aux artisans ; c'est l'expérience acquise par essais et erreurs qui permettrait d'acquérir une compétence sur le plan de la communication. Depuis quelques années, cette conception a commencé à changer. La réflexion sur la pratique devient maintenant un objet scientifique ; des praticiens de plus en plus nombreux contribuent à l'élaboration d'une véritable science de l'intervention, science dont la méthodologie prend en considération le caractère unique de chaque situation.

Les deux termes « efficacité » et « coopération » qui apparaissent dans le titre de cet ouvrage résument les observations faites par des centaines de praticiens qui ont réfléchi sur leur pratique professionnelle. Les

---

1. La forme masculine utilisée dans cet ouvrage désigne aussi bien les femmes que les hommes et n'est utilisée que pour alléger le texte.

acteurs engagés dans ces travaux appartenaient à des disciplines très variées : psychologues, psychothérapeutes, orthophonistes, orthopédagogues, enseignants, andragogues, superviseurs en éducation et en psychologie, agents de probation, agents de relations humaines, infirmières et infirmiers, préposés aux services à la clientèle, organisateurs communautaires, animateurs de groupes, administrateurs, gestionnaires, conseillers en orientation, conseillers financiers, etc. À travers la grande diversité des situations abordées, tous ces praticiens ont constaté que plus ils devenaient habiles à bien gérer l'interaction entre leurs interlocuteurs et eux-mêmes, plus ils avaient du succès dans l'exercice de leur profession.

L'EFFICACITÉ

Une première partie de cet ouvrage est consacrée à la définition de l'efficacité (chapitre 1) et à la formulation d'un principe de base pour une interaction efficace : l'autorégulation (chapitre 2). La méthode utilisée est celle de la « praxéologie » définie comme « une démarche structurée visant à rendre l'action consciente, autonome et efficace ».

La praxéologie est présentée et illustrée dans les deux chapitres de la première partie. Elle est basée sur les travaux de Chris Argyris et de Donald A. Schön qui l'ont développée sous le vocable de « science-action ». Les fondements épistémologiques ont été présentés ailleurs (Argyris, 1980 ; Schön, 1983, 1987 ; Schön et Rein, 1994 ; St-Arnaud, 1992) et ne sont pas repris ici[2] ; mais pour le lecteur averti qui veut examiner rapidement ces fondements, l'annexe 1 définit la science-action à l'aide de nombreuses références à ses concepteurs : Chris Argyris et Donald A. Schön.

La notion de science-action étant l'objet de débats sans rapports immédiats avec les objectifs de cet ouvrage, l'expression praxéologie lui est préférée ; c'est une expression qui met l'accent sur l'activité même de

_____

2. Lorsque le manuscrit initial de cet ouvrage a été soumis à l'évaluation, il a fait l'objet du commentaire suivant : « Le choix épistémologique de l'auteur est celui de l'individualisme radical [...] Ce choix n'utilise ni l'enracinement psychosocial des interlocuteurs ni le contexte organisationnel dans lequel se déroule l'échange pour la compréhension de cette interaction. Ce choix est un choix légitime, mais l'auteur devrait mieux avertir le lecteur de son caractère de choix. Ce n'est pas la tâche du lecteur d'identifier la prise de position théorique de l'auteur. » (Anonyme : rapport d'évaluation du manuscrit, p. 2.) Voilà pour l'avertissement ; mais l'étiquette utilisée prête à confusion. Si l'auteur a le choix de la formule pour désigner son choix épistémologique, il préfère « personnalisme systémique », plus compatible avec l'approche humaniste-existentielle où il trouve ses fondements. Nuttin (1980) a souligné que l'opposition entre le « psychologique » et le « sociologique » est une distinction de l'esprit. En réalité, l'unité fonctionnelle individu/environnement est telle qu'on peut comparer l'individu à un hologramme de son environnement. Le lecteur doit cependant renoncer à trouver dans le présent ouvrage l'analyse formelle des déterminants psychosociaux de l'interaction professionnelle.

l'acteur lorsqu'il réfléchit sur son action Elle n'est pas à l'abri des débats méthodologiques (voir Quéré, 1991) mais, pour les fins de cet ouvrage, le terme sera utilisé sans autre prétention que celle de proposer au praticien une démarche de réflexion sur son action, démarche qui lui permettra de développer sa compétence interpersonnelle.

Sur le plan de la méthode, la revue de la documentation pertinente a été placée en second dans l'élaboration des pistes de réflexion proposées ici. Des données originales de recherche ont été recueillies, au cours des vingt dernières années, dans un contexte de pratique professionnelle. Ces données ne résultent pas de recherches expérimentales axées sur le contrôle des variables ; elles viennent de la réflexion que différents acteurs ont faite sur leur propre action dans le contexte d'une pratique professionnelle. Elles sont consignées dans un répertoire de plusieurs centaines de cas, dont quelques-uns seront cités pour illustrer la théorie et les règles pratiques proposées dans les chapitres de l'ouvrage. Ces cas se sont construits, pour la plupart, dans des ateliers de praxéologie qui se sont étalés sur dix ans. L'atelier de praxéologie, dans sa forme typique, réunit un groupe d'environ douze praticiens qui peuvent appartenir à une même discipline ou provenir de disciplines différentes. À tour de rôle, chaque membre du groupe présente, selon la méthode décrite au chapitre 2, une situation typique qui constitue pour lui un défi sur le plan de l'interaction. La situation est présentée sous la forme d'un dialogue dont l'acteur est sorti insatisfait. À partir de ces cas, on cherche à nommer les causes de l'insatisfaction vécue, les particularités du modèle d'intervention propre à l'acteur concerné, et à trouver des voies qui permettront à cet acteur d'augmenter sa compétence interpersonnelle tout en respectant sa personnalité. Au-delà des particularités individuelles ou disciplinaires, il est possible de dégager des constantes, des principes d'action, des règles pratiques qui amènent les praticiens à augmenter leur efficacité sur le plan de l'interaction. C'est ce type de généralisation que propose cet ouvrage.

LA COOPÉRATION

Au cours de ces ateliers, l'expérimentation des praticiens a permis de vérifier une hypothèse très généralisée dans le domaine des sciences humaines, à savoir qu'il y a une corrélation très forte entre l'efficacité d'une pratique et le degré de coopération qui s'établit entre les partenaires. C'est en cherchant à valider cette hypothèse que progressivement on a pu définir la coopération de façon rigoureuse et développer cinq règles[3] de conduite particulières dont chacune fait l'objet d'un chapitre dans la deuxième partie de cet ouvrage.

---

3. Le mot « règle » ayant plusieurs significations, il est utile d'en préciser la portée. La règle est « ce qui est imposé ou adopté comme ligne directrice de conduite » (*Le Robert*). Dans le contexte de l'interaction professionnelle, aucune autorité ni aucun principe moral n'est à l'origine de ce que contiennent les règles

Ces règles n'ont pas le même degré de généralisation que le principe de l'autorégulation, objet du chapitre 2. Les praticiens ont constaté que la coopération n'est pas toujours possible dans le contexte d'une pratique professionnelle. On a même observé qu'une recherche inconditionnelle de la coopération peut nuire à l'efficacité d'une interaction. Une question préalable doit être posée : est-ce qu'il y a matière à coopération dans telle situation ?

Pour permettre de répondre à cette question, les cinq chapitres de la deuxième partie proposent une définition de la coopération et en précisent les conditions. Ils introduisent, expliquent et illustrent les règles du partenariat, de l'alternance, de la concertation, de la non-ingérence et de la responsabilisation.

Les formulations proposées visent en premier lieu à rendre compte des cas accumulés au cours des ateliers de praxéologie décrits plus haut ; elles sont cependant tributaires d'une abondante documentation, dans le secteur des sciences humaines. Malgré des options méthodologiques variées, souvent sans rapport direct les unes avec les autres, parfois même opposées, on y retrouve partout la conclusion que la coopération entre les personnes engagées est un facteur d'efficacité dans une entreprise de changement personnel, organisationnel ou social. Les références, à l'intérieur des chapitres qui suivent, guideront le lecteur dans cette documentation ; elles portent sur des aspects particuliers visant à faciliter la compréhension ou l'approfondissement des règles proposées. Il est utile de noter cependant que la praxéologie conduit à des conclusions qui dépassent le cadre particulier de l'interaction professionnelle, objet du présent volume, comme en témoigne une documentation abondante dans tous les secteurs des sciences humaines. Pour citer l'exemple le plus récent, le Groupe de Lisbonne[4] (1995) vient de publier une analyse qui dénonce les excès de la compétitivité et propose un « nouveau contrat mondial » basé sur la coopération :

> *Limites à la compétitivité* entend démontrer qu'une préoccupation exclusive pour la concurrence et que légitime le profit comme unique préoccupation des entreprises n'est pas justifiée [...] La concurrence n'est pas en mesure de fournir une réponse efficace aux problèmes à long terme que doit affronter notre planète [...]

---

de la coopération ; il n'y a donc rien d'imposé. Il s'agit plutôt de façons de faire « adoptées » par des praticiens qui réussissent à établir et à maintenir une relation de coopération. L'utilisation du mot « règle » évoque, à juste titre, une discipline que le praticien doit se donner s'il veut expérimenter dans l'action l'efficacité de ce qui lui est proposé. Une application rigoureuse de ces règles devrait conduire à l'effet visé, la coopération.

4. Groupe de Lisbonne (1995), *Limites à la compétitivité : vers un nouveau contrat mondial*, Montréal : Boréal. « Le Groupe de Lisbonne se compose de 19 personnes vivant au Japon, en Europe de l'Ouest et en Amérique du Nord (le « monde triadique »), de formation différente, et issues du milieu des affaires, des organismes gouvernementaux et internationaux ainsi que de la communauté universitaire et des fondations. » (p. 28)

Nous savons que seul un système de direction coopérative est en mesure de s'ajuster aux évolutions et aux besoins actuels et futurs. Pour que la concurrence ne débouche pas sur une cacophonie d'irrationalités, il nous faut trouver les moyens d'avancer dans cette direction. C'est seulement en reliant entre eux les multiples réseaux socio-économiques qui prennent forme sous le concept de mondialisation et en leur donnant des objectifs communs et visibles qu'on peut espérer parvenir à la justice sociale, à l'efficacité économique, à la durabilité de l'environnement et à la démocratie politique, évitant par le fait même d'aviver les conflits qui risquent d'imploser à tout moment aux quatre coins de la planète. (p. 23 et 24).

Partie I
L'efficacité

1

L'EFFICACITÉ ET LA PRAXÉOLOGIE

L'efficacité n'est pas le fruit du hasard.

La praxéologie est définie comme « une démarche structurée visant à rendre l'action consciente, autonome et efficace ». La première visée de cette démarche est d'aider des praticiens à bien gérer les interactions inhérentes à leur pratique professionnelle. À ce titre, elle donne lieu à des ateliers de praxéologie qui réunissent des groupes d'environ douze praticiens désireux de se perfectionner sur le plan de l'interaction. Dans la mesure où certains d'entre eux s'intéressent au développement d'une science de l'intervention, ils proposent des généralisations que d'autres praticiens peuvent à leur tour soumettre à l'expérimentation dans différents contextes professionnels. L'ensemble des chapitres de cet ouvrage contient ce type de généralisations, constituant ainsi un guide de praxéologie. Le lecteur est fréquemment invité à devenir l'acteur qui réfléchit sur des situations qu'il a vécues personnellement ; de nombreux textes encadrés lui proposent des exemples ; un instrument et des exercices lui permettent de faire une démarche de praxéologie. L'annexe 2 lui fournit les corrigés de tous les exercices. Chaque praticien pourra éventuellement vérifier par lui-même, dans sa pratique, la pertinence des conclusions auxquelles sont parvenus d'autres praticiens.

UN MÉTAMODÈLE

Les découvertes faites au cours de ces nombreuses activités de praxéologie ont déjà donné lieu à une sorte de métamodèle de la pratique (St-Arnaud, 1993 b). Ce métamodèle constitue en quelque sorte une définition de la pratique professionnelle ; il comprend six dimensions incontournables qui servent de toile de fond aux applications qui font l'objet de cet ouvrage. Une brève description du métamodèle servira d'introduction à la présentation, à l'illustration et à la discussion des règles de conduite qui feront quant à elles l'objet des chapitres 2 à 7.

Le métamodèle et les règles qui en découlent peuvent avoir plusieurs fonctions, selon le degré d'expérience des praticiens qui les utilisent.

1)   Les débutants les utilisent pour acquérir les habiletés de base d'une pratique, et ce à l'intérieur d'une discipline dont ils font l'apprentissage. Ils peuvent également s'en servir comme grille de lecture pour découvrir les éléments essentiels des modèles de pratique présentés dans les écrits scientifiques.

2)   Les praticiens expérimentés les utilisent pour augmenter leur degré de conscience, d'autonomie et d'efficacité dans leur pratique quotidienne. Ils y trouvent les moyens d'apprendre plus rapidement à partir de leur pratique et de créer une pratique qui leur soit plus personnelle que celle apprise à l'école ou présentée dans la documentation scientifique.

3)   Enfin, les praticiens-chercheurs les utilisent pour conceptualiser leur pratique personnelle, le modèle idiosyncratique qu'ils ont nécessairement développé au fil de cette pratique (Schön, 1983, 1987). Dans la formulation initiale du métamodèle, l'auteur a travaillé avec un praticien expérimenté qui pratique l'éducation somatique selon la méthode de Feldenkreis. Il en est résulté un canevas d'entrevue qui, à l'aide de quarante-sept questions types, permet à un praticien de définir son modèle personnel d'intervention (voir St-Arnaud, 1993 b).

Rien n'est jamais achevé dans le domaine de la pratique professionnelle et le mot « règle » ne doit pas annoncer autre chose qu'une piste à explorer. Il faut comprendre qu'il s'agit de règles de conduite, proposées au praticien à titre d'hypothèses pour qu'il en fasse lui-même la vérification dans sa pratique. Il n'y a rien là qui implique quelque obligation que ce soit. De nouvelles versions de ces règles et d'autres règles apparaîtront probablement à mesure que l'expérimentation se poursuivra.

Contrairement aux règles qui, elles, sont présentées comme des ébauches et des hypothèses de travail, les dimensions du métamodèle semblent incontournables. Il y a, bien sûr, une part d'arbitraire dans le choix du vocabulaire et même dans le choix des dimensions retenues ; de plus, d'autres dimensions pourraient être considérées ; mais les six énoncés qui suivent s'appuient sur un nombre suffisant d'observations pour qu'on puisse leur donner la forme d'une généralisation universelle : « Il n'est pas possible de poser un geste professionnel sans [...] » ou « tout praticien... » Voici les six dimensions de ce métamodèle, qui se veut une définition générale de l'acte professionnel.

1.   L'évaluation

Tout praticien procède, implicitement ou explicitement, à une évaluation continue de son efficacité à partir d'un ensemble de critères plus ou moins définis.

L'action est, de par sa nature même, un processus par essais et erreurs. Un mécanisme d'autorégulation permet au praticien de constater l'effet qu'il produit, d'évaluer cet effet et de corriger au besoin son action en fonction du but visé. Il s'agit là d'une évaluation naturelle qui se fait spontanément. Une démarche de praxéologie augmente le degré de conscience du praticien, en le guidant dans une évaluation explicite ; il en résulte plus d'autonomie et plus d'efficacité, car le type d'évaluation proposé permet de déceler et de corriger immédiatement les erreurs commises.

Le chapitre 2 présente le principe de l'autorégulation pour aider le praticien a procéder à cette évaluation dans le feu de l'action, de façon à augmenter l'efficacité de celle-ci. C'est la base de toute démarche de praxéologie.

2.   La structure de la relation

Tout praticien structure, implicitement ou explicitement, la relation qui s'établit entre son interlocuteur et lui-même.

Toute personne qui pose un geste professionnel structure implicitement ou explicitement la relation qu'elle établit avec ses interlocuteurs[1]. La structure de la relation peut se définir en fonction du degré de compétence que le praticien attribue à son interlocuteur et en fonction du degré de contrôle que le praticien exerce sur son interlocuteur. On observe la relation suivante entre ces deux facteurs : plus le praticien considère l'interlocuteur comme démuni ou réticent par rapport à l'objet de sa pratique, plus il tente de le contrôler et de contrôler la relation elle-même. On parle ici de contrôle unilatéral. À l'inverse, plus le praticien accorde à l'interlocuteur une part de compétence par rapport à l'objet de sa pratique, plus il l'écoute, tient compte de ses avis, partage avec lui l'information dont il dispose et l'associe à la planification puis à l'organi-

---

1. Pour une analyse plus poussée, voir Tessier, R., « Relations de pouvoir et structure des buts. Une typologie des tactiques de changement social intentionnel », *in* Tessier, R. et Tellier, Y. (édit.) (1991), *Changement planifié et développement des organisations*, Québec : Les Presses de l'Université du Québec, t. 5, chap. 9.

sation de sa pratique. En conséquence, le contrôle que le praticien exerce sur l'interlocuteur et sur la relation elle-même est minimal : on parle d'un contrôle bilatéral.

Le chapitre 3 présente un schéma pour déterminer le type de structure ; il définit et illustre trois structures de base : une structure de pression, une structure de service et une structure de coopération. Un schéma permet de diagnostiquer la structure d'une relation et des exemples illustrent comment on peut passer d'une structure de pression ou d'une structure de service à une structure de coopération lorsque certaines conditions sont présentes.

3.   La technique

Tout praticien dispose d'un répertoire de procédés qui se développe avec l'expérience et qui constitue sa technique d'intervention.

La dimension technique est sans doute celle où l'idiosyncrasie d'une pratique est la plus manifeste. Chaque praticien apprend à tenir compte de sa personnalité ; l'expérience l'amène à développer un répertoire de moyens qu'il utilise et réutilise pour atteindre les buts visés dans son action professionnelle.

Dans le chapitre 4, le modèle de la communication proposé aidera le praticien à classifier les stratégies qu'il a développées au cours de sa pratique et à en développer de nouvelles. Dans la mesure où la coopération s'avère possible, de nombreux praticiens ont constaté que ce modèle favorise une telle relation s'ils utilisent plusieurs canaux de communication. Quatre canaux de communication sont définis et illustrés dans ce chapitre.

4.   La gestion du processus

Tout praticien est le gestionnaire d'un processus d'intervention qui comporte des étapes dont l'agencement est réglementé.

Au point de départ d'une interaction, il existe toujours une situation à changer. La compétence du praticien est habituellement associée aux connaissances qu'il a dans un domaine particulier : médical, légal, social, financier, psychologique, biologique, organisationnel, communautaire, environnemental, etc. À mesure que les connaissances sur la pratique se développent, on reconnaît de plus en plus que l'efficacité de celle-ci est reliée à la façon de procéder pour modifier une situation. En conséquence, on considère que la compétence interpersonnelle d'un praticien repose en bonne partie sur sa connaissance des processus et sur son habileté à construire et à gérer un processus d'interaction.

Un processus d'interaction est une série d'opérations ou d'étapes à travers lesquelles un praticien cherche à changer une situation particulière jugée indésirable en une nouvelle situation plus souhaitable et plus adéquate. Le chapitre 5 propose des moyens de favoriser une gestion coopérative de ce processus.

5. Le changement

Tout praticien est un agent de changement qui utilise, implicitement ou explicitement, une théorie du changement.

Tous les interlocuteurs du praticien sont engagés, à des degrés divers, dans un processus de changement : changement personnel, interpersonnel, institutionnel ou social. Une action professionnelle est entreprise précisément parce qu'un changement est souhaité. Le praticien est par définition un agent de changement.

Toute théorie du changement pose également la question du pouvoir. Quel pouvoir s'attribuent respectivement le praticien et son interlocuteur ? Quel pouvoir chacun attribue-t-il à l'autre ? Comment se fait le partage du pouvoir en fonction des champs de compétence des partenaires ? Voilà autant de questions qu'une réflexion sur le changement permet d'aborder.

Dans le chapitre 6, le praticien apprend comment formuler la situation initiale en fonction d'une structure de coopération, à définir son champ de compétence et celui de son interlocuteur, puis à respecter et à faire respecter ces champs de compétence au cours d'une intervention.

6. Le cadre d'analyse

Tout praticien utilise un ensemble de normes et de valeurs à partir desquelles il porte des jugements — personnels, culturels ou professionnels — sur 1) l'individu ou le groupe auprès duquel il exerce sa pratique, désigné comme l'interlocuteur, 2) la situation qui a donné lieu à l'intervention et 3) le rapport entre l'interlocuteur et la situation ; cet ensemble de normes et de valeurs est désigné comme le cadre d'analyse du praticien.

Bien qu'une sous-culture de « non-directivité » ait parfois comme effet de camoufler cette dimension de la pratique, personne ne peut s'abstenir de porter des jugements dans l'exercice de sa profession. Le chapitre 7 permettra de clarifier le cadre d'analyse du praticien qui vise la coopération. Lorsqu'on respecte le champ de compétence de son interlocuteur, on devrait pouvoir formuler un jugement professionnel sans que celui-ci ne se sente jugé en tant que personne. On peut conclure, par exemple, à la suite d'un examen psychologique, que telle personne n'a pas les aptitudes pour telle ou telle tâche, sans pour autant reprocher à cette personne son manque de compétence. À la suite d'une analyse psychosociale, on peut aussi conclure qu'une entreprise donnée est vouée à l'échec sans pour autant culpabiliser qui que ce soit.

Le chapitre 7 propose également une analyse des besoins personnels qui affectent l'interaction autant chez l'acteur que chez l'interlocuteur. Il fournit ainsi au praticien l'occasion de déterminer si ses propres besoins sont compatibles avec une approche basée sur la coopération.

UNE DÉFINITION DE L'EFFICACITÉ

L'efficacité d'une interaction peut s'évaluer selon deux perspectives. La première est **extrinsèque** ; elle consiste à évaluer l'action en fonction de critères externes à l'acteur, à vérifier si l'action respecte les normes établies à l'intérieur d'une sous-culture, d'une discipline ou d'une pratique. La seconde est **intrinsèque** ; l'acteur évalue lui-même son action par rapport aux effets qu'il cherche à produire chez son interlocuteur. Dans l'utilisation d'une méthode de praxéologie, c'est la deuxième perspective qui permet à l'acteur de développer sa compétence interpersonnelle. Mais avant de présenter une définition formelle de l'efficacité, un exemple d'évaluation faite par une stagiaire qui s'entraîne à la relation d'aide professionnelle permettra d'établir la différence de perspective.

La perspective extrinsèque

Mélinda est étudiante à l'université ; elle vient de commencer un stage où elle rencontre un premier client, dans le cadre d'un service d'aide ouvert au grand public. Ce service offre au client une possibilité de quatre à six rencontres d'une heure chacune. Chaque rencontre est enregistrée sur bande magnétique ; après chaque rencontre avec son client, Mélinda écoute l'enregistrement et prépare une entrevue d'une heure avec un superviseur. Avant de commencer son stage, Mélinda a déjà réussi plusieurs cours et ateliers qui lui ont permis d'intégrer les modèles qui guident sa pratique, de sorte qu'elle connaît les critères qu'on utilise ordinairement, dans sa discipline, pour évaluer l'efficacité d'une relation d'aide professionnelle.

Après la première rencontre avec son premier client, Mélinda se présente chez son superviseur et lui dit qu'elle est déçue d'elle-même parce qu'elle a constaté, en reprenant l'enregistrement, qu'elle n'écoutait pas son client. Le superviseur lui propose de reprendre avec elle un extrait de l'enregistrement où elle a constaté cette lacune. Elle accepte et l'essentiel du passage où Mélinda s'est dite déçue est résumé dans l'encadré intitulé « Mélinda et son client ».

Mélinda et son client

M1.   Dans la première rencontre, tu me disais que tu voulais aborder deux sujets au cours de nos rencontres : ta relation avec ton père et un choix que tu dois faire de poursuivre ou d'abandonner un cours. Qu'est-ce que tu veux aborder aujourd'hui ?

C-   [Bref silence.]

M2.   Veux-tu que l'on parle d'abord du choix que tu dois faire au sujet de tes études ?

C-   [Bref silence.]

M3.   Comme la date pour aviser d'un abandon approche, je pourrais t'aider à faire un choix dont tu serais satisfait.

C-   [Bref silence.]

M4.   Qu'est-ce qui te fait penser à abandonner ?

—   [Le client répond et l'entrevue se poursuit sur ce thème ; à la fin de la rencontre, le client se dit satisfait du choix qu'il a fait.]

Lorsque Mélinda se dit déçue d'elle-même, elle explique son manque d'efficacité dans une perspective extrinsèque : on lui a enseigné que, dans une relation d'aide, il faut se méfier du dicton selon lequel « qui ne dit mot consent » et qu'il faut laisser au client le temps de répondre lorsqu'on lui pose une question. Par conséquent, dans une perspective d'évaluation extrinsèque, elle a tout à fait raison de conclure « qu'elle n'écoute pas son client » ou, dit plus précisément, si l'on s'en tient au texte reproduit dans l'encadré, qu'elle ne lui laisse pas le temps de répondre. Son superviseur lui confirmera que c'est là une erreur et il essaiera de l'aider à mieux écouter son client à l'avenir, pour qu'elle devienne une aidante efficace.

Toute formation professionnelle consiste précisément à intégrer différents modèles dont l'efficacité est reconnue à l'intérieur d'une discipline. L'efficacité dont on parle dans ce contexte n'est jamais totale et les spécialistes, dans chaque discipline, ne cessent de critiquer leurs modèles, de les valider par la recherche, de les modifier ou de les remplacer par d'autres modèles plus efficaces. Lorsqu'un modèle est reconnu, il permet à des praticiens expérimentés de transmettre leur savoir-faire à des débutants[2]. À titre d'illustration, on trouvera dans l'encadré intitulé « L'efficacité du consultant » les critères que des praticiens-

---

2. Les rapports entre savoir universitaire et pratique professionnelle ont été discutés ailleurs (St-Arnaud, 1992 et St-Arnaud, 1993a).

chercheurs-formateurs[3] proposent pour évaluer extrinsèquement l'efficacité d'une intervention psychosociale.

L'efficacité du consultant

Critères généraux	Critères spécifiques
1. Atteinte des objectifs	La situation qui a suscité l'intervention s'est transformée dans la direction souhaitée, c'est-à-dire que les objectifs de l'intervention ont été choisis adéquatement et atteints en conformité avec les critères établis en commun.
2. Absence d'effet secondaire	Tous les impacts actuellement observables sont positifs, c'est-à-dire qu'il n'y a pas d'effet secondaire indésirable : conflit latent, compétition, incapacité d'intégrer le *feedback* reçu, etc.
3. Enracinement	Les changements effectués commencent à s'enraciner et seront, selon toute probabilité, durables.
4. Transfert des responsabilités	Les membres du système se sentent davantage responsables du changement provoqué et sont instrumentés pour poursuivre les changements amorcés.
5. Rentabilité	Le bilan fait par le consultant et les personnes impliquées permet de conclure que les bénéfices (résultats, impacts, retombées) sont supérieurs ou, à tout le moins, équivalents aux coûts encourus (énergie, temps, argent, etc.).
6. Pertinence	Le déroulement et les résultats de l'intervention permettent de conclure que l'intervention était pertinente, c'est-à-dire qu'elle s'inscrivait dans les orientations et les priorités du système ou des personnes impliquées et que les cibles ont été adéquatement choisies.

Dans la vie quotidienne, l'évaluation extrinsèque correspond au système de valeurs ou, plus simplement, au modèle d'efficacité que toute personne développe en interaction avec son environnement. Dans tout milieu, « il y a des choses qui se font » et « des choses qui ne se font pas », pour reprendre la façon populaire de faire référence au système de normes reconnu dans un milieu donné. Lorsqu'un acteur réfléchit sur

---

3. Extrait de Lescarbeau, R., Payette, M. et St-Arnaud, Y. (1990), *Profession consultant*, Montréal : Les Presses de l'Université de Montréal et Paris : Les Éditions de l'Harmattan, p. 34 et 35.

son action dans une perspective extrinsèque, ou lorsque d'autres évaluent extrinsèquement cette action, ils font nécessairement référence à des normes qui jouissent d'une certaine désidérabilité sociale, ce que Claude Paquette (1990) appelle les valeurs préférences.

La perspective intrinsèque

Dans une démarche de praxéologie qui vise à rendre l'action plus consciente, plus autonome et plus efficace, on considère que l'évaluation extrinsèque ne suffit pas à rendre l'action efficace dans une situation particulière. Dans chaque action, tellement d'éléments doivent être pris en considération qu'il n'est pratiquement pas possible d'agir en pleine conformité avec les modèles professionnels ou culturels. Un problème majeur auquel les sciences humaines commencent à peine à faire face est le fait que plus une personne s'actualise, plus elle devient un être unique et moins elle se sent à l'aise avec les modèles standard. C'est pour résoudre un tel problème que les praxéologues ont développé des moyens d'évaluer l'efficacité de l'action dans une perspective intrinsèque et personnelle.

Une autre difficulté de l'évaluation extrinsèque est qu'elle conduit rarement à des améliorations immédiates. Le diagnostic est rapide, mais il ne renseigne pas l'acteur sur les raisons qui lui ont fait adopter un comportement jugé inefficace. Il est rare qu'une résolution prise par un praticien à la suite d'une évaluation extrinsèque conduise à un changement de comportement dans des situations de vie réelle.

L'exemple de Mélinda, déjà cité, illustre bien la nécessité d'une évaluation intrinsèque. Objectivement, Mélinda et son superviseur s'entendent sur le point suivant : l'écoute du client est une habileté qu'il faut développer et l'efficacité de Mélinda comme professionnelle de la relation d'aide est reliée en partie à sa capacité de développer une telle habileté. Nul doute qu'à la suite de la réflexion qu'elle a faite, confirmée par le *feed-back* de son superviseur, Mélinda va prendre la résolution de laisser parler son client à l'avenir. Or, la solution est loin d'être aussi simple. La recherche faite dans une perspective de praxéologie montre que si Mélinda se retrouve de nouveau dans une situation semblable à celle qu'elle a vécue, elle répétera très probablement le même genre de comportement : elle n'écoutera pas davantage son client, à moins qu'elle ne réussisse à déterminer les causes du comportement qu'elle veut modifier. La seule façon de corriger un comportement jugé inefficace est d'en comprendre la signification ; pour Mélinda, cela exige qu'elle situe l'événement jugé inefficace dans l'ensemble du processus d'interaction où elle est engagée avec son client, ici et maintenant.

Le test personnel d'efficacité qui sera présenté dans le prochain chapitre a pour objet de renseigner rapidement l'acteur sur les causes de son manque d'efficacité de façon à lui permettre de s'adapter à chaque situation particulière. C'est en développant les habiletés requises pour une évaluation intrinsèque et personnelle de son efficacité que l'acteur pourra appliquer la règle de l'autorégulation. Avant d'entrer dans la mécanique de ce test personnel d'efficacité, il est nécessaire d'établir une définition précise de l'efficacité, dans une perspective intrinsèque et personnelle.

Le test personnel d'efficacité s'appuie sur un postulat fondamental d'une part, et, d'autre part, sur une définition de l'efficacité qui en découle. Le postulat est le suivant :

Dans une interaction, **TOUTE ACTION EST INTENTIONNELLE.**

Cela signifie deux choses :

1. Toute action résulte d'une attente de l'acteur face à son interlocuteur. Dans toute interaction, l'acteur cherche à influencer son interlocuteur, en produisant chez lui un effet observable. Cet effet visé définit concrètement l'attente de l'acteur.

2. Tout comportement est stratégique. Le comportement verbal et non verbal de l'acteur est considéré comme un moyen utilisé pour produire l'effet visé. L'ensemble des moyens utilisés constitue la stratégie employée pour produire l'effet visé.

Partant de ce principe que toute action est intentionnelle, une interaction entre un acteur et son interlocuteur est jugée efficace lorsque premièrement **l'effet visé par l'acteur est produit et peut être observé dans le comportement verbal et non verbal de son interlocuteur** et, deuxièmement, **il ne se produit aucun effet secondaire indésirable, du point de vue de l'acteur.**

Les deux éléments sont requis pour qu'une communication soit efficace. Il arrive qu'un acteur, même s'il a produit l'effet visé, se dise insatisfait d'une interaction en raison d'effets secondaires indésirables. Par exemple, il considère que le prix qu'il a payé pour obtenir ce qu'il voulait est trop élevé, ou que sa relation avec l'interlocuteur est maintenant compromise, ou encore que l'effet produit entraîne des conséquences négatives.

Le superviseur de Mélinda, conscient qu'une simple résolution ne suffira pas à produire un changement, peut utiliser ce principe de l'intentionnalité pour aider Mélinda à évaluer intrinsèquement son interaction. Le dialogue reproduit dans l'encadré, intitulé « Mélinda et son superviseur », illustre la façon de procéder. Il utilise la méthode qui sera présentée au chapitre 2. Mélinda connaît l'approche de praxéologie utilisée par son superviseur et, sous la direction de celui-ci, elle évalue maintenant son efficacité dans une perspective intrinsèque et personnelle.

Mélinda et son superviseur

S.   *Quelle était ton intention, Mélinda, au cours de cette séquence ?*

M.   *Je voulais savoir si mon client était d'accord pour traiter d'abord du choix qu'il devait faire pour son cours.*

S.   *As-tu été efficace ?*

M.   *Non, je ne l'écoute pas.... (elle répète son évaluation extrinsèque)*

S.   *On peut considérer que ta première intervention est cohérente avec cette intention, tu lui demandes son avis ; mais dès la deuxième intervention, tu orientes déjà la réponse. Tu ne lui laisses pas le temps de répondre et je comprends que tu dises que tu ne l'écoutes pas. Qu'est-ce qui se serait passé s'il avait dit qu'il préférait parler du deuxième sujet qu'il avait mentionné : la relation avec son père ?*

M.   *Je n'aurais pas su comment aborder ça ; je ne voulais pas entrer dans un processus de psychothérapie avec lui.*

S.   *Partons avec l'idée que tout comportement est au service d'une intention ; comment pourrait-on nommer ton intention à ce moment précis du dialogue ? Donne-moi un comportement que tu aurais souhaité observer, à ce moment-là, chez ton client.*

M.   *Sur le coup j'étais bien contente de son silence. Je pense que je ne voulais pas savoir si le client était d'accord ou non. Je voulais qu'il soit d'accord ; qu'il me dise « oui » je suis d'accord.*

S.   *Cette intention est tout à fait cohérente avec le dialogue. Apparemment, le moyen que tu as pris était un bon moyen pour produire l'effet visé ; puisque tu l'orientes fortement vers le sujet où tu croyais pouvoir l'aider.*

M.   *Je ne sais pas ; j'ai le sentiment de ne pas l'avoir écouté et je n'aime pas ça. Je lui ai longuement expliqué dans le contrat que j'ai fait avec lui, la semaine précédente, que mon rôle était de l'écouter pour l'aider à faire des choix et là je ne le laisse pas parler et je lui impose mon choix. (Illustration de l'effet secondaire indésirable qui est à l'origine de l'insatisfaction de Mélinda et qui rend l'action inefficace malgré que l'effet visé soit produit.)*

S.   *D'accord, si on part de ton intention qui est de l'entendre dire « qu'il est d'accord », comment pourrais-tu améliorer ta stratégie pour éliminer cet effet secondaire indésirable ?*

M.   *Je pense que si c'était à refaire, je lui ferais directement la proposition en lui expliquant mes raisons, plutôt que de poser une fausse question.*

S.   *Je pense que ce serait un meilleur moyen. Il est probable qu'avec le temps tu auras plus de moyens d'aider un client et peut-être qu'alors tu pourras revenir à ta première intention et lui donner vraiment le choix, car on peut parler de la relation avec son père sans entrer dans un processus thérapeutique (retour à l'évaluation extrinsèque).*

Pour évaluer son efficacité en situation, Mélinda doit tout d'abord nommer correctement son intention. Sachant quelle est son intention, elle peut trouver une façon différente qui lui évitera de s'écarter de la « théorie professée » lors de la première rencontre avec son client. La simple résolution « d'écouter davantage » ne changerait rien, si Mélinda continuait à viser l'effet souhaité selon une intention cachée : « qu'il se dise d'accord ». C'est en découvrant pourquoi elle n'écoute pas, dans ce cas précis, qu'elle peut remplacer le manque d'écoute par une stratégie plus satisfaisante pour elle et produire l'effet visé sans effet secondaire indésirable, selon la définition déjà donnée de l'efficacité.

Nommer son intention n'est pas une opération simple. Par exemple, on constate que dans un premier temps, Mélinda se trompe sur l'intention qui la guidait vraiment. Elle répond en indiquant ce qu'elle aurait aimé vouloir : idéalement, elle aurait bien aimé donner le choix à son client ; c'est sans doute ce que propose le modèle qu'elle tentait d'appliquer.

Cependant, le modèle que Mélinda a appris ne tient pas compte du manque d'expérience du stagiaire qui débute, il ne donne aucune orientation pour guider l'action de celui qui, pris par l'insécurité, ne peut permettre à son client d'influencer le processus. Dans l'action, les comportements de Mélinda — rappelons que dans cette perspective intrinsèque, tout comportement est stratégique et au service d'une intention — démontrent que sa véritable intention n'était pas de « savoir si le client était d'accord pour parler du thème proposé » ; lorsqu'elle devient plus consciente, elle formule différemment son intention : « je veux qu'il soit d'accord ». Dès lors, elle trouve une stratégie qui l'aurait rendue plus efficace, compte tenu de son manque d'expérience ; et cette stratégie, on l'a vu, n'est pas d'écouter son client, mais de lui proposer ouvertement la cible qu'elle préfère.

LE LIEN ENTRE LES DEUX PERSPECTIVES

L'exemple présenté plus haut de l'utilisation d'un critère subjectif pour évaluer une action montre bien que les deux perspectives comme telles ne sont pas en opposition. On découvrira, bien sûr, des oppositions qu'il faudra résoudre en faisant des choix personnels. Il y aura aussi des situations où chaque personne devra choisir entre la désidérabilité sociale et une action perçue comme plus efficace pour elle.

Mais comme telle, la praxéologie n'a d'autre but que de rendre l'action plus consciente, plus autonome et plus efficace : en devenant conscient de son intention, Mélinda augmente sa possibilité de faire des choix personnels ; elle trouve aussi des moyens plus adéquats pour produire l'effet visé, et ce sans qu'il y ait d'effet secondaire indésirable. La présentation qui est faite ici des deux perspectives souligne leur complémentarité ; elle suppose que l'idéal poursuivi dans l'évaluation extrinsèque que font les acteurs est compatible avec une évaluation intrinsèque permettant de trouver le comportement optimal vécu comme un cheminement vers une efficacité plus grande.

C'est ainsi que Mélinda peut reconnaître qu'elle sera plus efficace, dans un premier temps, si elle accepte ses limites et cherche un moyen d'obtenir l'accord de son client sans lui laisser vraiment le choix ; tout en se disant que progressivement elle pourra « apprendre à parler de la relation d'un client avec son père sans entrer dans un processus thérapeutique », comme le suggère le superviseur. En augmentant son répertoire de stratégies, elle deviendra capable de respecter la norme à partir de laquelle elle s'évaluait au point de départ : écouter son client pour l'associer au processus de l'intervention.

Ceux qui pratiquent couramment la praxéologie savent que le cas de Mélinda est typique. Les modèles qu'on enseigne à l'école pour guider la pratique professionnelle sont le résultat d'une longue expérience. Les praticiens expérimentés qui enseignent aux débutants « ce qui se fait » et « ce qui ne se fait pas » ont oublié depuis longtemps les difficultés qu'ils ont dû vaincre eux-mêmes pour développer le degré d'efficacité qu'ils atteignent maintenant grâce aux modèles qu'ils veulent transmettre aux générations suivantes.

Par ailleurs, chacun sait que les modèles sont une chose et que la vie quotidienne en est une autre ; personne n'échappe à certains retours sur des actions où on se sent un peu coupable de ne pas avoir fait « ce qu'on devait faire » mais sans savoir pourquoi et sans pouvoir modifier des actions jugées inefficaces. Encore une fois, les normes extrinsèques ne donnent pas la clé pour corriger les actions jugées inefficaces. La praxéologie permet de combler le fossé entre l'idéal et la réalité ; elle vise l'optimal ; elle aide chacun à trouver son propre cheminement vers l'idéal et parfois aussi à modifier cet idéal s'il s'avère irréaliste. Elle permet aussi, à un autre niveau, de faire éclater certains modèles qui ont eu leur utilité durant un certain temps mais doivent être remplacés par d'autres modèles plus en accord avec l'évolution d'une discipline.

Dans le domaine professionnel, les praticiens qui proposent des modèles sont souvent malhabiles pour aider des débutants. Par exemple, même si Mélinda lisait tous les écrits disponibles sur la relation d'aide du type « centrée sur le client » qu'elle pratique, aucun spécialiste ne lui dirait ce qu'il faut faire lorsqu'elle veut « imposer à un client » le choix d'une cible particulière. On lui dira qu'un bon aidant a toujours plusieurs possibilités. Il n'existe pas, dans les écrits, de modèles pour débutants. Les superviseurs qui s'en tiennent à une évaluation de type objectif l'apprennent à leurs dépens ; progressivement les stagiaires leur cachent toutes les erreurs dont ils ne sont pas fiers, de peur d'être jugés incompétents. Argyris (1985, 1990) a souligné que dans une culture qui valorise au plus haut point l'évaluation extrinsèque, on développe toutes sortes de stratégies pour camoufler les erreurs. L'évaluation personnelle et intrinsèque permet une utilisation optimale des modèles appris ; elle ne s'oppose pas à l'utilisation d'une évaluation extrinsèque, elle ne fait que diriger l'attention vers les étapes qui permettent de progresser vers l'idéal[4].

---

4. Dans une présentation d'une échelle d'efficacité qui distingue trois catégories d'intervenants, des praticiens débutants, des praticiens expérimentés et des praticiens-chercheurs (St-Arnaud, 1992, p. 99), il a été établi que la praxéologie, qui permet à un débutant d'accéder plus rapidement au statut de praticien expérimenté, permet aussi éventuellement au praticien de dépasser un plafond attribuable aux limites des modèles connus pour contribuer à l'évolution de sa discipline lorsqu'il devient un praticien-chercheur. L'utilisation de la praxéologie pour fins de recherche ne sera pas discutée ici.

2

L'AUTORÉGULATION

Savoir ce qu'on veut et vouloir ce qu'on peut.

Les praticiens qui utilisent une méthode de praxéologie constatent que l'efficacité, sur le plan interpersonnel, suppose une capacité de s'adapter à chaque situation. Il en est résulté la formulation d'une règle fondamentale — dite de l'autorégulation — inspirée des travaux de Chris Argyris et Donald A. Schön. Par une approche dite de science-action[1], ces deux chercheurs démontrent clairement que la seule façon d'être efficace dans une interaction est de rester en dialogue constant avec la situation. Après une mise en situation à laquelle le lecteur est invité à participer, ce chapitre présente une méthode pour utiliser dans l'action un test personnel d'efficacité. Ce test personnel est une activité mentale que l'acteur peut effectuer pour respecter la règle de l'autorégulation qui s'énonce comme suit : **s'adapter en fonction de l'effet produit.**

L'autorégulation, dans une situation particulière, commence par une réponse à la question suivante : « Quelle est mon intention ? » Pour faciliter la compréhension des concepts et l'instrument proposé dans ce chapitre, le lecteur est invité à choisir une situation type sur laquelle il souhaite réfléchir et à formuler spontanément une première version de son intention (voir l'encadré intitulé « Première formulation de son intention »). Cette formulation pourra être analysée puis reprise plus loin, de façon à la rendre conforme aux exigences du test personnel d'efficacité qui sera proposé.

---

1. Les travaux de ces auteurs ont fait l'objet d'une présentation dans un ouvrage précédent : St-Arnaud, Y. (1992), *Connaître par l'action*. De plus, l'annexe 1 du présent ouvrage propose une définition de la science-action à partir de nombreuses citations aux textes originaux de Chris Argyris et de Donald A. Schön.

LA COLLECTE DE DONNÉES

L'objectif de la praxéologie est de donner à l'acteur des critères qui lui permettent d'évaluer rapidement, dans le feu de l'action, l'efficacité de son action et la corriger sur-le-champ s'il ne produit pas l'effet visé sans effet secondaire indésirable. Le test personnel d'efficacité présenté plus loin pourra être utilisé spontanément, sans qu'il soit nécessaire de réfléchir longuement pour trouver les causes de son inefficacité ; c'est une activité de « réflexion dans l'action ».

Mais ce type de réflexion se développe lentement ; il exige l'acquisition préalable de quelques habiletés spécifiques, habiletés qu'on peut plus facilement acquérir par une « réflexion sur l'action », par le retour que l'on fait, après une interaction, pour découvrir comment on a réagi dans le feu de l'action. S'il veut devenir praxéologue, le lecteur sera invité, dans les pages qui suivent, à faire quelques exercices qui lui permettront d'acquérir la discipline requise pour utiliser ensuite le test personnel d'efficacité.

Pour évaluer sa propre efficacité dans une perspective intrinsèque et personnelle à partir de la définition qui précède, il faut partir de données factuelles telles qu'on peut les reconstituer à la suite d'une interaction.

Le lecteur est invité à penser à nouveau à la situation qui lui a permis de faire le premier exercice au début de ce chapitre — compléter la phrase qui commence par les mots « Dans cette interaction, je voulais... » — et à rédiger un dialogue qui illustre l'insatisfaction qu'il a vécue au cours de cette interaction. L'encadré intitulé « Consignes pour la rédaction d'un dialogue » lui permettra de procéder à cet exercice pour lequel il pourra utiliser le canevas proposé dans l'encadré intitulé « Collecte de données ». Un exemple de collecte, faite par un praticien qui réfléchit sur une relation d'aide, illustre l'utilisation de cet instrument, dans l'encadré intitulé « Illustration d'une collecte de données ».

Première formulation de son intention

Choisir une situation ou l'on a interagi récemment avec une autre personne ou avec un groupe et dont on est sorti insatisfait, quelle que soit la raison de l'insatisfaction. Compléter ensuite la phrase suivante :

Dans cette interaction, je voulais ...

Consignes pour la rédaction d'un dialogue

1. *Au haut du canevas, écrivez votre nom vis-à-vis du mot **Acteur** et un nom fictif vis-à-vis du mot **Interlocuteur**. N'écrivez rien pour l'instant dans la case où apparaît le mot **Intention**.*

2. *En vous rappelant le lieu et l'endroit de l'interaction, formulez trois exemples de ce que l'interlocuteur a dit ou fait et qui est relié à votre insatisfaction.*

3. *Sur chacune des trois pages du canevas, écrivez un de ces trois comportements au milieu de la page, dans la colonne de droite intitulée « Le dialogue ». Si le comportement est verbal, vous écrivez ce que l'interlocuteur a dit tel qu'on l'entendrait sur un enregistrement : par exemple, plutôt que d'écrire : « l'interlocuteur a dit qu'il n'était pas d'accord », vous supposez que c'est l'interlocuteur qui parle et vous écrivez : « je ne suis pas d'accord ». Si le comportement est non verbal, vous l'écrivez entre parenthèses, par exemple (il me regarde avec un sourire moqueur).*

    ATTENTION : mettez toujours un trait d'union (-) au début de la phrase pour indiquer que c'est un comportement de l'interlocuteur.

4. *Dans l'espace qui reste sur chacune des trois pages, en haut et en bas des comportements qui sont déjà décrits, complétez le dialogue en écrivant ce que vous-même avez dit ou fait avant et après ces comportements. Vous pouvez ajouter d'autres comportements de l'interlocuteur pour compléter le dialogue.*

    ATTENTION : Utilisez toujours un langage parlé tel qu'on aurait pu l'enregistrer sur une bande magnétique. Mettez toujours un chiffre au début de la phrase, lorsque c'est vous qui parlez. Vous numérotez vos propres comportements en commençant avec le chiffre 1 au début de la première intervention de la première page et vous continuez la numérotation jusqu'à la fin de la dernière page.

5. *Si vos interventions ne se suivent pas, vous les séparez en écrivant entre parenthèses une note d'explication, par exemple (Cinq minutes plus tard) ou (Après plusieurs explications du même genre).*

6. *Dans la colonne de gauche, donnez quelques exemples de ce que vous avez vécu intérieurement pendant ce dialogue.*

Collecte de données

Nom de l'acteur : _____

Nom donné à l'interlocuteur : _____

Intention : Dans cette interaction, je voulais que mon interlocuteur...

Le vécu :	**Le dialogue :**
Ce que j'ai vécu pendant le dialogue :	Ce que j'ai dit ou fait (n°) et ce que l'autre a dit ou fait (trait) :

Une parole ou un geste de mon interlocuteur que je n'ai pas aimé :

–

Collecte de données

Nom de l'acteur : _____

Nom donné à l'interlocuteur : _____

Intention : Dans cette interaction, je voulais que mon interlocuteur...

Le vécu :	**Le dialogue :**
Ce que j'ai vécu pendant le dialogue :	Ce que j'ai dit ou fait (n°) et ce que l'autre a dit ou fait (trait) :

Une parole ou un geste de mon interlocuteur que je n'ai pas aimé :

—

Collecte de données

Nom de l'acteur : _____

Nom donné à l'interlocuteur : _____

Intention : Dans cette interaction, je voulais que mon interlocuteur...

Le vécu :	**Le dialogue :**
Ce que j'ai vécu pendant le dialogue :	Ce que j'ai dit ou fait (n°) et ce que l'autre a dit ou fait (trait) :

Une parole ou un geste de mon interlocuteur que je n'ai pas aimé :

–

Exemple d'une collecte de données

Nom de l'acteur :   Brigitte (agent de probation)

Nom donné à l'interlocuteur :   Clovis (22 ans)

Intention : Dans cette interaction, je voulais que mon interlocuteur... me dise soit qu'il décroche définitivement, soit qu'il reprend ses études.

Le vécu :	**Le dialogue :**
Ce que j'ai vécu pendant le dialogue :	Ce que j'ai dit ou fait (n°) et ce que l'autre a dit ou fait (trait) :
Mon Dieu qu'il a l'air fatigué.	1. Bonjour Clovis.
Il n'a pas l'air heureux de me voir.	– Bonjour (sur un ton terne).
J'espère que cette fois il n'a pas lâché.	2. Je t'ai demandé de venir me voir pour faire le point sur ta situation. As-tu fait la démarche que tu devais faire pour ta réinscription à l'école ?
	Une phrase ou un geste de mon interlocuteur que je n'ai pas aimé :
Il me déçoit.	– J'ai pas eu le temps. Mon frère est descendu d'Abitibi et on a fait la fête toute la semaine.

Le vécu :	Le dialogue :
Ce que j'ai vécu pendant le dialogue :	Ce que j'ai dit ou fait (n°) et ce que l'autre a dit ou fait (trait) :
Je vais le secouer un peu.	3. Tu sais que tu dois remettre ton dossier cette semaine si tu veux être inscrit dans le prochain groupe.
	Une phrase ou un geste de mon interlocuteur que je n'ai pas aimé :
Ah ! non. Pas encore.	– Je ne sais pas si je vais y aller.
J'ai le sentiment qu'il se moque de moi.	4. Comment ? Tu m'avais pourtant bien promis que cette fois-ci tu ne décrocherais pas...
	Une phrase ou un geste de mon interlocuteur que je n'ai pas aimé :
C'est un prétexte...	– Mon chum m'a dit que les professeurs étaient baveux dans cette école-là.
Tu ne l'emporteras pas si facilement cette fois...	5. Mon impression à moi, Clovis, c'est que tu ne veux pas vraiment reprendre tes études et que la moindre difficulté est un prétexte pour lâcher.

Le vécu :	Le dialogue :
Ce que j'ai vécu pendant le dialogue :	Ce que j'ai dit ou fait (n°) et ce que l'autre a dit ou fait (trait) :
Il veut étudier mais à la condition que cela ne demande aucun effort.	– Non, non, je veux finir mes études. Je n'ai pas le goût de laver de la vaisselle toute ma vie.
Je ne perdrai plus mon temps avec lui, s'il n'est pas plus sérieux.	6. Je veux bien te croire, mais il faut d'abord que tu prouves ta bonne volonté en faisant la démarche que je t'ai demandé de faire.
On verra bien.	– [Sur un ton de concession] OK. Je vais le faire.

LA FORMULATION DE L'INTENTION

Une fois que les données factuelles sont disponibles, l'acteur doit préciser l'effet observable qu'il voulait produire chez son interlocuteur au cours même de l'interaction. Pour utiliser le test personnel d'efficacité, il faut développer l'habitude de traduire son intention en fonction de l'effet visé ; c'est pourquoi, avant de compléter la phrase qui apparaît dans la case supérieure de l'instrument intitulé « Collecte de données », le lecteur est invité à considérer quatre difficultés inhérentes à cette démarche de praxéologie : la complexité du processus, la dispersion de l'attention, le caractère non vérifiable de l'intention et l'écart entre la théorie professée et la théorie pratiquée.

La complexité du processus

La première difficulté que l'on rencontre dans la formulation de ses intentions vient de la complexité du processus. Lorsqu'on interroge plusieurs acteurs sur leurs intentions, on recueille habituellement trois types de réponse. Cette variété permet de reconstituer ce qu'on peut appeler le cycle de l'intention. Lorsqu'un acteur nomme son intention, il ne retient ordinairement qu'un élément ou deux d'un processus complexe. Quelle que soit la catégorie utilisée pour compléter une première fois la phrase qui commence par les mots « Dans cette interaction, je voulais... », il est toujours possible d'en faire deux autres, de façon à reconstituer le cycle complet illustré dans le schéma de la figure intitulée « Le cycle de l'intention ». Les catégorie sont numérotées de 1 à 3.

1. La première catégorie comprend toutes les réponses dans lesquelles l'acteur décrit la stratégie qu'il veut utiliser. L'attente demeure quant à elle implicite ou cachée. Par exemple, quatre personnes interrogées sur leur intention, dans des situations particulières, ont donné les réponses suivantes :

—   un consultant, lors d'une première rencontre avec un client : « Je voulais l'informer des difficultés de son projet » ;

—   un professeur, dans un dialogue avec un étudiant : « Je voulais confronter cet étudiant à une situation donnée » ;

Figure 2.1
Le cycle de l'intention

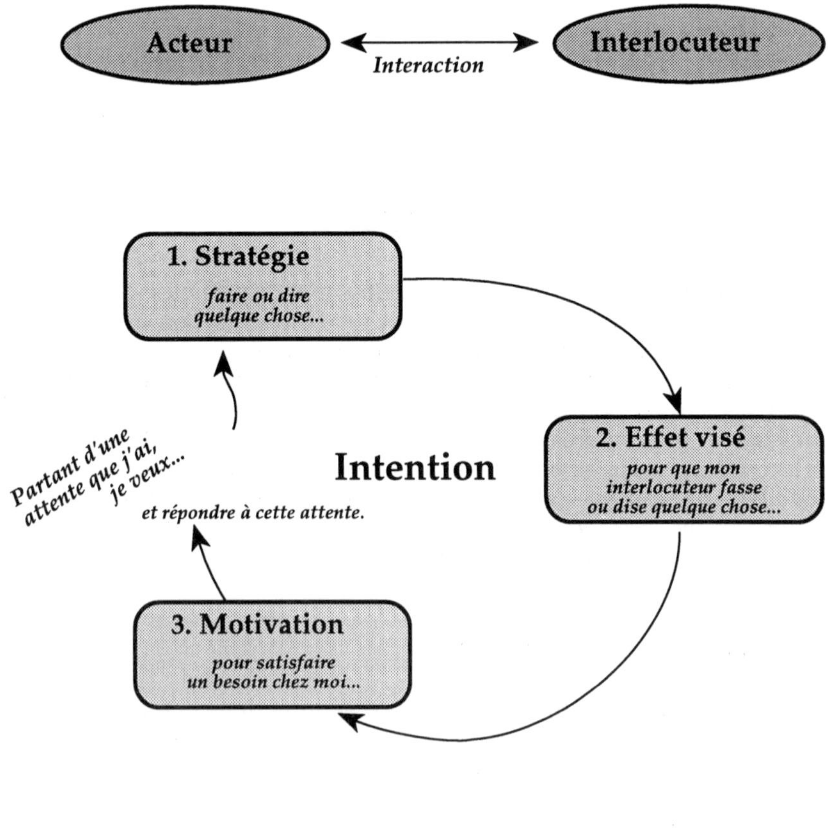

— une infirmière, dans un échange avec la mère d'un enfant déficient : « Je voulais l'écouter » ;

— une travailleuse sociale, dans une discussion de cas avec un collègue : « Je voulais lui faire part de mon expérience ».

La structure de la phrase utilisée par l'acteur pour formuler son intention donne ordinairement un indice précis permettant de déterminer dans quelle catégorie on peut classer la formulation. Lorsque l'acteur nous parle des moyens qu'il a pris pour être efficace — c'est ce qu'on appelle sa stratégie — il complète la phrase en utilisant un verbe d'action dont il est lui-même le sujet : « Dans cette interaction, je voulais... l'informer, le confronter à une situation, l'écouter, lui faire part..., etc. »

La capacité de nommer ses stratégies permet au praticien praxéologue de varier celles-ci lorsqu'il est inefficace ; mais pour cela, il doit aussi devenir conscient de la deuxième composante de son intention, soit l'effet visé.

2. La deuxième catégorie comprend toutes les réponses dans lesquelles l'acteur décrit l'effet qu'il veut produire chez l'interlocuteur. Pour inciter l'acteur à décrire l'effet visé, on remarquera que dans l'instrument utilisé plus haut pour la collecte de données, la phrase à compléter est différente de celle proposée au début du chapitre pour la première formulation de son intention ; on y a ajouté quelques mots qui orientent l'attention de l'acteur vers l'effet visé : « Dans cette interaction, je voulais **que mon interlocuteur...** » L'utilisation du test personnel d'efficacité exigera en effet que l'acteur soit conscient du type de comportement qu'il veut produire chez son interlocuteur. La structure proposée consiste à faire suivre le verbe « je voulais... » par le nom ou le pronom qui désigne l'interlocuteur : c'est lui qui est le sujet de l'action qui sera décrite. Voici comment les quatre personnes déjà citées progressent dans la formulation de leur intention en nommant, cette fois, l'effet visé :

— le consultant : « Je voulais qu'il m'autorise à modifier le projet » ;

— le professeur : « Je voulais qu'il s'engage à étudier davantage » ;

— l'infirmière : « Je voulais qu'elle me parle d'elle » ;

— la travailleuse sociale : « Je voulais qu'il manifeste sa compréhension ».

Dans tous ces exemples, l'acteur décrit sous l'angle du comportement observable l'effet qu'il attend de son interlocuteur pendant l'interaction. C'est cette habileté à devenir rapidement conscient de l'effet visé par ses propres stratégies qui permet d'utiliser avec succès le test personnel d'efficacité.

3. La troisième catégorie comprend toutes les réponses dans lesquelles l'acteur décrit l'effet sur soi ou le besoin personnel auquel il cherche à répondre. Cette fois, la structure de la phrase ne comporte aucun verbe d'action — faire ou dire — mais des verbes qui font référence à l'expérience personnelle de l'acteur comme « être » ou « me sentir », ainsi que des verbes qui décrivent une activité mentale de l'acteur, comme « comprendre ». On peut aussi utiliser une périphrase qui formule en termes plus abstraits sa motivation ; par exemple, « dans cette interaction, je voulais répondre à mon besoin de... » Voici quelques exemples :

—   le consultant : « Je voulais répondre à mon besoin de réussir » ;

—   le professeur : « Je voulais être certain de l'avoir ébranlé » ;

—   l'infirmière : « Je voulais comprendre cette cliente » ;

—   la travailleuse sociale : « Je voulais me sentir soutenue ».

Dans tous ces exemples, la personne parle d'un besoin personnel qu'elle cherche à satisfaire. Cet aspect de l'intention est intéressant, car l'acteur qui a identifié son besoin peut devenir plus créateur dans la recherche d'autres moyens de le satisfaire. Une typologie des besoins fondamentaux sera présentée au chapitre 7 afin d'aider l'acteur à formuler cette composante de son intention.

L'analyse de milliers de cas a permis de reconstituer ce qu'on peut appeler le cycle de l'intention tel que représenté dans la figure 2.1. Il est rare cependant qu'un acteur puisse nommer spontanément toutes ces facettes du processus intentionnel. Le lecteur qui a fait l'exercice proposé dans le premier encadré du chapitre, intitulé « Première formulation de son intention », constatera probablement qu'il a privilégié une des trois catégories qui viennent d'être présentées. On peut considérer cette première formulation comme une porte d'entrée. Quelle que soit la catégorie utilisée, l'acteur peut rendre son action plus consciente en s'exerçant à faire trois énoncés correspondant aux trois composantes du processus illustré plus haut. La conclusion des praxéologues est que, dans **toute** interaction, l'acteur 1) choisit un moyen d'influencer son interlocuteur (sa stratégie), 2) cherche à produire un effet précis chez son interlocuteur (effet visé) et 3) cherche à satisfaire un ou plusieurs besoins (motivation). Le lecteur qui désire compléter la formulation de son intention en nommant les trois éléments du cycle de l'intention peut utiliser le guide présenté dans l'encadré intitulé « L'analyse des composantes de l'intention ».

Avant d'aborder la deuxième difficulté qui guette le praxéologue dans l'utilisation du test personnel d'efficacité, le lecteur peut s'entraîner à formuler les trois composantes de l'intention en procédant à l'exercice

L'analyse des composantes de l'intention

1.   Stratégie

Voici comment je peux décrire la stratégie que j'ai utilisée dans cette situation, ce que je voulais faire au cours de cette interaction.

2.   Effet visé

Voici comment je peux maintenant décrire, à partir de mon dialogue, ce que je souhaitais que mon interlocuteur dise ou fasse ou cesse de dire ou cesse de faire pour manifester dans son comportement observable, pendant l'interaction, que l'effet visé avait été produit.

3.   Motivation

Voici comment je peux maintenant décrire, à partir de mon dialogue, le besoin ou les besoins que je voulais satisfaire personnellement au cours de cette interaction.

qui apparaît dans l'encadré intitulé « Classification des intentions ». Diverses formulations d'intention sont proposées. Les formulations correspondent à une ou plusieurs des catégories décrites plus haut. À partir de la structure même de la phrase, on peut les classer sans avoir besoin d'accéder au dialogue de l'acteur. Un corrigé est proposé à l'annexe 2 de cet ouvrage.

Classification des intentions

1)   Pour chacune des huit formulations suivantes, écrire un X dans la ou les cases qui correspondent à la catégorie ou aux catégories utilisées par l'acteur.

2)   Pour chacune des huit formulations, rédiger deux autres phrases qui formuleraient les deux composantes qui manquent pour décrire le cycle complet de l'intention de l'acteur (inventer, de façon arbitraire, des éléments qui seraient plausibles).

Stratégie : « ... je voulais [verbe d'action : faire, dire, etc.] » ;

Effet visé : « ... je voulais que l'interlocuteur [verbe d'action : fasse, dise, etc.] » ;

Motivation : « ... je voulais être..., ou me sentir... [ou verbe qui décrit une activité mentale de l'acteur, comme comprendre, résoudre un problème, etc.] ».

Numéro de l'énoncé :	1	2	3	4	5	6	7	8
1. Stratégie								
2. Effet visé								
3. Motivation								

1.   Dans cette interaction, je voulais... cesser la conversation télépho-nique parce que j'étais en retard pour un rendez-vous.

2.   Dans cette interaction, je voulais... illustrer, pour monsieur Lebrun, comment on fait ce pansement.

3.   Dans cette interaction, je voulais... qu'il jette un coup d'œil sur le projet que j'avais préparé et me donne ses commentaires.

4.   Dans cette interaction, je voulais... qu'il me fixe un rendez-vous.

5.   Dans cette interaction, je voulais... être débarrassé d'une corvée.

6.   Dans cette interaction, je voulais... lui apporter tellement d'arguments qu'il serait obligé de donner son accord.

7.   Dans cette interaction, je voulais... avoir le plaisir de le voir démuni.

8.   Dans cette interaction, je voulais... lui remettre ma démission.

La dispersion de l'attention

Une seconde difficulté est liée à la **dispersion de l'attention**. Il est très difficile de diriger notre attention sur l'élément qui permet une autorégulation : l'effet visé « ici et maintenant ». Il est difficile d'avoir ce qu'on peut appeler une vision ajustée. Dans le schéma de la figure 2.2, intitulée « Trois visions de l'intention », les flèches qui réunissent les trois composantes de l'intention indiquent trois façons de porter attention à son expérience personnelle lorsqu'on se pose la question : « Quelle est mon intention ? »

Souvent l'acteur s'intéresse moins à ce qui se passe pendant l'in-teraction qu'à l'effet qui suivra l'interaction, c'est-à-dire l'effet à long terme. Par exemple, le professeur qui intervient auprès d'un étudiant en difficulté pour lui éviter un échec en fin d'année dira qu'il veut que cet étudiant réussisse ses études. Cela fait certainement partie de son inten-tion et il pourra éventuellement évaluer si son intervention a produit les effets visés, mais il devra attendre plusieurs jours ou plusieurs semaines avant de vérifier si l'effet visé est atteint. Dans l'utilisation du test personnel d'efficacité, ce qui importe, c'est de pouvoir évaluer l'efficacité immédiate d'une interaction. En conséquence, l'acteur est invité à diriger son attention non pas sur l'effet à long terme de l'interaction, mais sur les signes qui lui indiqueront, pendant l'interaction elle-même, si son action est efficace ; c'est ce qu'on appelle la vision ajustée. Dans un des exemples cités plus haut, l'acteur avait comme intention qu'un étudiant réussisse ; il formulait cependant son intention en utilisant une vision ajustée : « Je voulais que l'étudiant s'engage à étudier davantage. » En cherchant à obtenir la manifestation d'un tel engagement pendant qu'il parle à l'étudiant, le professeur augmente ses chances de voir un jour l'effet à long terme se produire, et ce certainement plus que s'il multipliait les arguments sans observer tous les signes d'indifférence de son interlocuteur pendant son exhortation. Lorsqu'un acteur formule l'effet à venir en réponse à la question « quelle est mon intention », il utilise une vision presbyte : il voit au loin, mais il a de la difficulté à voir ce qui est plus près de lui. Pour développer la vision ajustée, il lui suffit de se demander quel signe observable lui permettra de conclure, **pendant l'interaction**, que son interlocuteur fera ce qu'il faut pour que l'effet à venir se produise effectivement.

Figure 2.2

Trois visions de l'intention

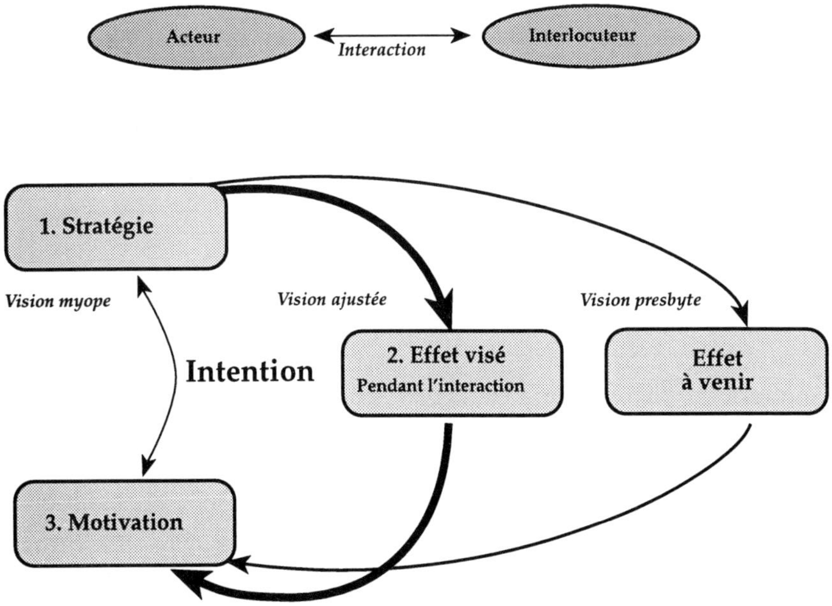

Une autre forme de dispersion, lorsqu'un acteur cherche à nommer son intention, est reliée à une vision dite myope. Cette fois, au lieu d'être distrait par l'effet à venir, l'acteur est trop centré sur ses besoins et ses stratégies. Il porte attention exclusivement aux composantes 1 ou 3 du cycle de l'intention déjà analysé ; cela l'empêche d'observer les signes requis pour utiliser le test personnel d'efficacité. Tel acteur, peu soucieux d'efficacité, dira même : « je m'en fous des effets ; j'avais juste le goût de me défouler ». Tel autre dira : « tout ce que je voulais, c'était de réussir un bon reflet ou une bonne confrontation ». En satisfaisant son besoin ou en « pratiquant sa stratégie », un acteur risque d'être déçu s'il ne peut obtenir l'effet visé. Malgré une vision myope, le cycle de l'intention n'en demeure pas moins actif et tout acteur qui s'en donne la peine découvre qu'il attend effectivement pendant l'interaction un type de comportement précis chez son interlocuteur ; c'est en prenant conscience de cet effet visé qu'il pourra augmenter son efficacité.

Dans toutes les situations examinées par les praxéologues qui ont utilisé cette méthode, on a pu vérifier le postulat qui est à son origine, à savoir que toute action comporte l'attente d'un effet immédiat chez l'interlocuteur. Un acteur disait un jour : « l'effet de mon action n'avait aucune importance pour moi, je voulais seulement réussir à parler dans une grande assemblée et je ne cherchais pas à influencer les autres ; c'est à peine si je me souviens de ce que j'ai dit ; cela n'avait pas d'importance ; c'était de parler qui était important. Et à partir du moment où je commençais à parler au micro, je vivais d'être efficace. » Un collègue astucieux lui a demandé comment il aurait réagi si, au moment où il avait commencé à parler, un incident s'était produit dans la salle de sorte que personne n'aurait même été conscient que quelqu'un parlait au micro. L'acteur a reconnu que pour qu'il soit efficace, il fallait que l'ensemble du groupe soit témoin de son intervention. Il avait raison de dire cependant que ce n'était pas le contenu de son message qui importait mais la satisfaction de vaincre sa peur de parler en public. Il a finalement formulé son intention en précisant ainsi l'effet visé : « Je voulais que les membres de l'assemblée écoutent pendant que je parlais, qu'ils soient « témoins » de ma performance. » Cela revenait à dire : je ne voulais pas qu'ils réagissent ; le contenu de mon intervention était banal et bref (stratégie), de sorte que j'ai eu le sentiment de succès (motivation) même si personne n'a relevé par la suite ce que j'avais dit.

L'exercice précédent qui consistait à écrire sa propre intention en tenant compte du cycle complet de l'intention (stratégie, effet visé et motivation) a permis à chacun de corriger, si nécessaire, une vision myope. Pour s'entraîner à corriger une vision presbyte, le lecteur est invité à vérifier maintenant si l'effet visé qu'il a formulé, dans son cas personnel, répond aux exigences d'une vision ajustée. Il peut aussi s'exercer à ajuster des visions presbytes présentées en modifiant les énoncés de l'encadré intitulé « La vision presbyte ». Un corrigé est proposé à l'annexe 2 de cet ouvrage.

Le caractère non vérifiable de l'effet visé

Une troisième difficulté est liée au caractère non vérifiable de l'effet visé. Souvent, l'acteur formule bien l'effet immédiatement visé — et, ce faisant, il manifeste une vision ajustée — mais sa formulation décrit un effet psychologique qu'il est impossible d'observer directement dans le comportement de l'interlocuteur. En conséquence, il devient difficile d'utiliser le test personnel d'efficacité, car il est impossible de savoir si l'effet est produit, à moins de faire une interprétation qui risque d'être erronée, puisqu'elle ne repose sur aucune donnée observable.

La vision presbyte

Pour chacune des formulations qui suivent, reformuler l'intention de l'acteur en donnant un exemple de comportement que cet acteur semble attendre de son interlocuteur pendant l'interaction elle-même.

1. Dans cette interaction, je voulais... que mon voisin vienne à la réunion du comité de surveillance de quartier.

2. Dans cette interaction, je voulais... que cette année, on fasse un voyage à la mer, mon mari et moi.

3. Dans cette interaction, je voulais... que le client s'affirme davantage dans son milieu de travail.

4. Dans cette interaction, je voulais... que mon collègue me remette dès le lendemain le livre que je lui avais prêté.

5. Dans cette interaction, je voulais... que mon client soit à temps à ses rendez-vous.

6. Dans cette interaction, je voulais... que le groupe en arrive à se passer de mes services d'animateur et se prenne en charge.

Un exemple typique d'effet psychologique qu'un acteur cherche à produire : « Dans cette interaction, je voulais... que l'interlocuteur comprenne... » Un gestionnaire qui avait tenté d'expliquer à son employé, pendant plusieurs minutes, pourquoi celui-ci devait respecter les procédures administratives se disait insatisfait et déçu par la rencontre. Il rédigea un dialogue où il multipliait les arguments et les exemples de conséquences négatives, pour l'entreprise, du comportement qu'il demandait de changer. L'employé ne réagissait pas et continuait à répondre par de nouvelles objections. Dans un jeu de rôles qui a suivi, on a simulé la situation et un collègue du gestionnaire, personnifiant l'employé, reproduisait le comportement négatif de celui-ci. L'acteur retrouvait exactement le même problème que dans le dialogue qu'il avait rédigé à partir du cas réel. Il maintenait que son intention était « que l'employé comprenne les ennuis qu'il créait à l'entreprise ». Selon sa théorie de l'action, il croyait que si son interlocuteur comprenait, il changerait de lui-même. En faisant un retour sur le jeu de rôles, il se disait inefficace parce que son interlocuteur **n'avait pas compris**. On demanda alors à l'« employé » de donner sa réaction. Il démontra qu'il avait très bien compris en répétant la liste complète des inconvénients que le gestionnaire voulait lui faire comprendre. Il ajouta : « Comme je n'avais pas l'intention de changer mon comportement, je ne voulais pas lui laisser voir que je comprenais. » La compréhension est une activité mentale qui n'est pas automatiquement manifestée dans le comportement de la personne ; voilà pourquoi, malgré qu'il soit centré sur l'effet immédiat, l'acteur est incapable de vérifier s'il produit ou non cet effet lorsqu'il formule son intention sous l'angle de l'effet psychologique.

Les effets psychologiques

Pour chacune des formulations qui suivent, reformuler l'intention de l'acteur en donnant un exemple de comportement que cet acteur semble attendre de son interlocuteur pendant l'interaction elle-même.

1. Dans cette interaction, je voulais... que l'interlocuteur soit honnête.

2. Dans cette interaction, je voulais... que l'interlocuteur soit rassuré.

3. Dans cette interaction, je voulais... que le client se sente libre de donner son opinion.

4. Dans cette interaction, je voulais... que mon collègue prenne conscience de son incohérence.

5. Dans cette interaction, je voulais... que mon client ne s'attende pas à ce que je lui donne des recettes.

6. Dans cette interaction, je voulais... que le groupe se sente capable de se passer d'un animateur.

L'effet psychologique est une réaction de l'interlocuteur non vérifiable dans le comportement de celui-ci. Le même gestionnaire a compris la différence puis a reformulé ainsi son intention : « Je veux que mon interlocuteur **manifeste** qu'il a compris... » Partant avec cette nouvelle vision ajustée d'un effet **vérifiable**, il a demandé à reprendre le jeu de rôles. Après quelques interventions semblables à celles du jeu de rôles précédent, il s'arrêta et demanda à son interlocuteur : « Est-ce que tu comprends ce que j'essaie de t'expliquer ? » L'autre répondit : « Oui, je comprends que (il répéta les arguments de l'acteur). » Partant de là, le dialogue se modifia : l'effet visé ayant été produit, l'acteur découvrit que, contrairement à ses croyances, le fait de « comprendre » n'entraînait pas le changement souhaité. Dans le second jeu de rôles, le fait de porter attention aux manifestations de la compréhension a entraîné une stratégie différente qui consistait à demander explicitement le *feed-back* attendu. Voyant que l'effet était produit sans entraîner le changement souhaité, l'acteur pouvait redevenir efficace en modifiant aussi son intention de façon à augmenter ses chances de produire l'effet à long terme : un changement réel dans la vie quotidienne.

Pour éviter le caractère invérifiable de l'intention formulée, le test personnel suppose que l'acteur fasse un effort mental pour toujours préciser l'effet visé sous l'angle du comportement observable pendant l'interaction. Lorsqu'on vise effectivement un effet psychologique, il suffit ordinairement de préciser un comportement qui servira d'indice que l'effet psychologique est produit, par exemple, en ajoutant dans la phrase : « que l'interlocuteur manifeste... (l'effet psychologique souhaité) ». Le lecteur peut revenir encore une fois à sa formulation personnelle, pour vérifier si l'effet qu'il voulait produire est observable ; sinon, il est invité à modifier sa formulation pour préciser l'effet observable qu'il attendait de son interlocuteur. Il peut aussi s'exercer à corriger les énoncés proposés dans l'encadré intitulé « Les effets psychologiques ». Un corrigé est proposé à l'annexe 2 de cet ouvrage.

L'écart entre la théorie professée et la théorie pratiquée

La quatrième difficulté que rencontre l'utilisateur de la praxéologie est l'écart entre la théorie qu'il professe et la théorie qu'il pratique, et ce souvent à son insu. Les praxéologues constatent souvent que les efforts qu'ils font pour formuler leur intention se heurtent au problème de la désidérabilité sociale. Argyris et Schön (1974) ont démontré hors de tout doute que, dans une situation difficile, il y a presque toujours un écart entre la théorie professée par l'acteur pour expliquer son comportement et la théorie qu'il pratique vraiment. C'est ce que l'auteur a suggéré d'appeler la **loi d'Argyris et Schön**[2]. Pour utiliser avec succès le test personnel d'efficacité, l'acteur doit donc accepter que, derrière ses propres formulations d'intention, il puisse y avoir des intentions cachées difficiles à formuler, par crainte d'être confronté à des aspects de sa personnalité qu'il n'accepte pas facilement. S'il a le courage de s'attaquer à cette quatrième difficulté, l'acteur pourra s'attarder à chacun de ses comportements, dans un dialogue particulier, et se demander si cette intervention particulière est cohérente avec l'intention qu'il a formulée. Sinon, partant du principe que tout comportement est stratégique, il saura qu'il a une intention cachée, même s'il ne peut pas toujours la

---

2. Cet écart entre la théorie professée et la théorie pratiquée est considéré par certains comme une simple constatation empirique ; il se manifeste cependant avec une telle régularité et il obéit à des mécanismes tellement fondamentaux (voir Argyris, 1985, 1990) que l'auteur a suggéré dans des communications antérieures de considérer ce phénomène comme une loi psychologique. Argyris, dans une communication personnelle, a confirmé cette interprétation du phénomène, de sorte que celui-ci a été identifié comme « la loi d'Argyris et Schön ». (Voir St-Arnaud, 1992, *Connaître par l'action*, p. 53.)

nommer. Cette partie de la réflexion est facilitée lorsqu'on peut la faire avec d'autres personnes : des collègues engagés eux aussi dans une démarche de praxéologie ou un superviseur comme dans le cas de Mélinda.

Dans l'exemple déjà cité, Mélinda a d'abord formulé sa théorie professée lorsque le superviseur lui a demandé quelle était son intention. Elle était persuadée que ce qu'elle voulait, c'était que le client dise si oui ou non, il était d'accord. Cette intention était cohérente avec sa théorie professée que, d'ailleurs, elle avait expliquée à son client au cours d'une première rencontre. Elle utilise une approche centrée sur le client qui se veut coopérative et il est contraire à cette théorie professée d'imposer une cible particulière à son client. On a vu que, grâce à sa propre réflexion, dont l'origine était le sentiment de ne pas avoir écouté son client correctement, et grâce à la démarche de praxéologie proposée par son superviseur, elle a constaté que son intention cachée était : « que le client accepte ma proposition ». Cela a permis à Mélinda de donner un sens au « manque d'écoute » puis de trouver une stratégie plus appropriée.

Le lecteur qui s'initie à la praxéologie est maintenant invité à revenir à la formulation qu'il a faite de son intention dans les exercices précédents, puis à la reprendre en s'assurant qu'elle est cohérente avec le dialogue qu'il a déjà rédigé. Les éléments recueillis dans la colonne de gauche — ce qu'il vivait pendant le dialogue — peuvent l'aider à devenir conscient de ses véritables intentions. Au besoin, il modifiera complètement sa formulation initiale s'il découvre une intention cachée différente de celle qu'il formulait avant d'avoir fait le dialogue. Il écrira ensuite sa version finale au début de l'instrument qui a servi à la collecte des données en complétant la phrase qui commence par les mots : « Dans cette interaction, je voulais que mon interlocuteur... » Il s'assurera qu'il a surmonté les quatre difficultés qui viennent d'être analysées.

Première difficulté : Sa formulation devra exprimer l'effet visé chez son interlocuteur (deuxième élément du cycle de l'intention).

Seconde difficulté : Sa formulation devra indiquer un effet visé pendant l'interaction elle-même (vision ajustée).

Troisième difficulté : Sa formulation devra décrire l'effet visé sur le plan du comportement observable.

Quatrième difficulté : Sa formulation devra être cohérente avec ses comportements numérotés de 1 à X dans son dialogue.

LE TEST PERSONNEL D'EFFICACITÉ

La réflexion que l'acteur fait sur des dialogues passés n'est qu'une étape pour développer l'habileté d'autorégulation. Le but visé par cette méthode est en effet d'augmenter son efficacité dans le feu de l'action. En répétant les exercices proposés plus haut à l'aide du canevas de collecte de données, l'acteur passe progressivement d'une réflexion sur l'action à une réflexion **dans** l'action. Pour ce faire, il peut utiliser le schéma de la figure 2.3 intitulée « Le test[3] personnel d'efficacité ».

Figure 2.3
Le test personnel d'efficacité

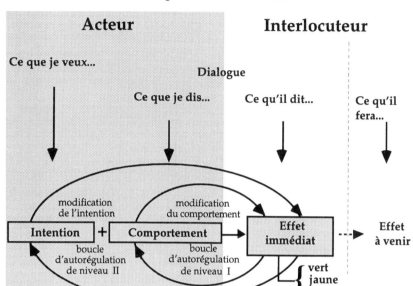

En raison de toutes les difficultés analysées précédemment, l'acteur peut facilement se décourager et déclarer que la démarche de praxéologie n'est pas pour lui. Avant d'arriver à cette conclusion, le lecteur est invité à considérer l'utilisation d'une forme simplifiée de cette réflexion sur l'action. Le test personnel est une activité mentale très simple qui permet d'évaluer l'efficacité de son action et de corriger ses erreurs sans même prendre la peine de conceptualiser son intention. S'il est vrai que toute action est intentionnelle, il est aussi démontré que l'organisme humain est doté d'un mécanisme d'autorégulation inné préconceptuel[4]. Il suffit que l'acteur porte attention à son vécu — la

---

3. Le mot « test » ne désigne pas ici une épreuve psychologique ; il est utilisé dans son sens courant : « Épreuve ou expérience décisive, opération ou fait-témoin permettant de juger, de confronter un fait avec une hypothèse, une idée *a priori* » (Le Robert).

4. Voir en particulier : Gendlin, E. (1992), *Focusing: Au centre de soi*, Montréal : Le Jour, Actualisation ; Cornell, A. W. (1993a), *The Focusing Guide's Manual* (Third Edition), Berkeley, Cal. : Focusing Resources ; Cornell, A. W. (1993b), *The Focusing Student's Manual*, Third Edition, Berkeley, Cal. : Focusing Resources ; Schön, D. A. (1983), *The Reflective Practitioner*, New York : Basic Books ; Reber, A. S. (1993), *Implicit Learning and Tacit Knowledge*, New York : Oxford University Press.

colonne de gauche — pour constater que chaque repartie de son inter-locuteur provoque en lui une réaction de type affectif, un *feeling* agréable ou désagréable. Dans un atelier de praxéologie, la meilleure façon d'aider un acteur à nommer son intention est de chercher, dans un jeu de rôles, une repartie qui « ferait plaisir à l'acteur ». On peut donc « savoir » que l'on ne produit pas l'effet visé et modifier sa stratégie en consé-quence, même si on ne sait pas encore clairement ce qu'on veut. Cette forme simplifiée de réflexion sur l'action permet de faire l'économie de toutes les analyses proposées plus haut, lorsqu'on doit, dans le feu de l'action, s'adapter rapidement à ce qui se passe, quitte à revenir plus tard sur cette interaction pour augmenter son degré de conscience par des analyses plus poussées.

Pendant qu'il interagit avec une personne ou un groupe, l'acteur dirige donc une partie de son attention sur ce qu'il ressent face aux différentes réactions de son interlocuteur. Pour éviter d'être envahis par trop d'informations, des praxéologues ont alors trouvé une façon d'aller à l'essentiel pour évaluer l'efficacité intrinsèque de chacune de leurs reparties : à chaque réaction de l'interlocuteur, c'est-à-dire chaque fois que celui-ci dit ou fait quelque chose, ils assignent un code à ce compor-tement verbal ou non verbal. Le code est emprunté aux couleurs utilisées pour les feux de circulation : le vert indique un vécu agréable de l'acteur, indice affectif que l'effet visé chez l'interlocuteur est produit. Le jaune indique un vécu mixte : même si l'effet visé n'est pas produit, on a le sentiment qu'il y a une ouverture, qu'il est possible de progresser vers l'effet visé. Enfin, le rouge indique un vécu désagréable, indice affectif que l'interlocuteur réagit à l'opposé de l'effet visé, qu'il est « un sujet récalcitrant », pour le dire avec humour, qu'il ne dit pas ou ne fait pas ce qu'il « devrait » dire ou faire pour que l'acteur soit satisfait.

L'avantage d'un tel code est qu'il peut être utilisé même si l'on ignore quelle est sa propre intention. Comme le disait un praxéologue d'expérience, c'est un peu comme si notre organisme travaillait pour nous : la réaction subjective, le *feeling*, est plus rapide que toute analyse rationnelle : on aime ou on n'aime pas ce qu'on entend ou ce qu'on voit et on peut utiliser le *feeling* pour savoir de façon rapide si on est efficace ou non. En se mettant délibérément en mode affectif pendant que l'on interagit, on peut rapidement corriger son action lorsqu'on ne produit pas les effets visés. Carl Rogers (1968) utilisait le terme de congruence pour désigner cette habileté à se placer en mode affectif pour écouter son propre organisme. Il sera toujours temps, après coup, de réfléchir sur son action, si on veut devenir plus conscient de ses propres intentions et nommer correctement sa théorie de l'action.

Le test personnel d'efficacité consiste donc à porter attention aux effets produits. Le schéma de la figure intitulée « Le test personnel d'efficacité » reproduit l'enchaînement logique basé sur le postulat que toute action est intentionnelle : une intention commande un comporte-ment qui est stratégique et vise implicitement un effet immédiat. Si l'effet est produit, le comportement de l'interlocuteur est codé en vert ; c'est un comportement satisfaisant pour l'acteur qui a produit l'effet visé sans effet secondaire indésirable ; par définition, l'acteur se considère alors comme efficace. On suppose que, le cas échéant, ce comportement codé en vert est un indice valable, s'il y a lieu, que l'effet à venir se produira. Les indications qui apparaissent dans la partie supérieure du schéma résument les différents exercices décrits plus haut pour aider un praticien à devenir plus conscient et plus autonome dans son action. En précisant « ce qu'il voulait », l'acteur indique le comportement codé en vert qu'il attendait ; en rédigeant un dialogue à l'aide de l'instrument de cueillette de données, il dispose d'un échantillon de ses propres comportements, soit toutes les interventions numérotées de 1 à X. Les interventions précédées d'un trait (–) lui indiquent si l'effet visé est produit ou non. En colorant de vert, de jaune et de rouge chaque réplique de l'interlocuteur, il peut découvrir d'autres niveaux d'intention et même certaines intentions qui étaient plus ou moins cachées au moment de l'action ; il peut aussi prendre en considération ce qu'il a écrit dans la colonne de gauche pour augmenter son degré de conscience. Il est maintenant prêt pour entreprendre l'analyse qui l'aidera à trouver les causes de son inefficacité et d'autres façons d'interagir qui lui permettront d'être plus efficace dans des cas semblables à l'avenir.

La réflexion sur l'action peut se comparer à l'exercice que fait un athlète olympique qui regarde, sur bande vidéo, l'enregistrement de ses mouvements pour découvrir ce qui nuit à sa performance ou la favorise. On espère, par cette technique, que les découvertes faites au cours de l'analyse s'inscriront quelque part dans l'organisme de l'acteur. Il pourra oublier tout cela dans le feu de l'action, mais observera progressivement une amélioration de son efficacité. Les boucles de rétroaction de niveau I et II mentionnées dans le schéma de la figure 2.3 lui permettront d'augmenter rapidement son efficacité dans l'action ; mais avant d'expliquer cette particularité du test personnel d'efficacité, il faut pouvoir identifier les causes de son inefficacité.

TROIS CAUSES D'INEFFICACITÉ

Bien sûr, l'intérêt d'une méthode de praxéologie est de rendre l'action plus efficace. Le pouvoir de l'acteur est toujours limité, mais la méthode proposée ici l'invite à assumer toute la responsabilité qu'il peut pour devenir plus efficace en reconnaissant ses erreurs, c'est-à-dire en identifiant jusqu'à quel point ses propres comportements ou ses propres intentions ont pu contribuer à le rendre inefficace. La recherche des erreurs n'est pas facile, surtout dans une culture où on a l'habitude de blâmer une personne pour ses erreurs plutôt que de considérer celles-ci comme une source d'apprentissage. Paradoxalement, l'acteur qui devient plus compétent sur le plan interpersonnel ne commet pas moins d'erreurs qu'avant ; au contraire, il prend souvent plus de risques et commet plus d'erreurs. La différence vient de ce qu'il ne craint plus l'erreur et que celle-ci ne l'empêche plus d'être efficace. L'acteur compétent et efficace sur le plan interpersonnel est celui qui est capable de voir rapidement ses erreurs et de les corriger dans l'action. L'augmentation des erreurs chez un praticien compétent s'explique par le degré élevé d'incertitude que comporte chaque situation. Toute pratique professionnelle comprend une bonne part d'improvisation : le praticien tente d'appliquer un savoir et un savoir-faire qu'il a développés et validés au cours d'une formation et par l'expérience, mais le caractère unique de chaque situation l'oblige, à des degrés divers, à s'adapter à la situation qu'il traite à chaque instant. C'est un peu comme s'il disposait d'un trousseau de clés sans savoir laquelle peut ouvrir la serrure qui est devant lui. Il sera plus efficace s'il essaie les clés, l'une après l'autre, plutôt que de s'acharner à ouvrir la serrure avec la seule première clé. Le praticien débutant peut rêver d'un passe-partout mais le praxéologue découvre, par l'expérience, que dans le domaine de la communication, il n'existe pas de passe-partout. La praxéologie implique une recherche continuelle.

L'acteur qui rédige un dialogue illustrant les points majeurs d'une interaction sur laquelle il veut réfléchir possède toutes les données dont il a besoin pour évaluer lui-même l'efficacité de son action. Ses interventions manifestent la stratégie qu'il a utilisée pour produire l'effet visé chez son interlocuteur. Les réactions de son interlocuteur lui permettent de constater si l'effet visé est produit ou non. Il peut aussi, le cas échéant, se rappeler ce qu'il a vécu pendant le dialogue ; par exemple, une insatisfaction ressentie même lorsque l'effet visé semble produit peut le mettre sur la piste d'un effet secondaire indésirable ou d'une dimension plus obscure de son intention.

L'acteur qui n'a pas produit l'effet visé ou qui constate des effets secondaires indésirables peut maintenant déterminer la cause ou les causes de son manque d'efficacité en répondant aux deux questions suivantes :

1)   Ai-je pris les bons moyens pour obtenir ce que je voulais ?

2)   Était-il possible d'obtenir ce que je voulais (mon attente était-elle réaliste) ?

Si on attribue le manque d'efficacité aux moyens utilisés, on parle d'une **erreur technique**. Si on attribue le manque d'efficacité à une attente irréaliste, on parle d'une **erreur d'intention**, S'il n'y a aucune erreur décelable, on doit conclure que le manque d'efficacité n'est pas attribuable à des erreurs de l'acteur mais à des facteurs qui échappaient totalement à son contrôle.

L'erreur technique

Lorsqu'un acteur dispose d'un dialogue qu'il a rédigé, il a sous les yeux un échantillon des moyens qu'il a pris pour influencer son interlocuteur. Il peut, avec le recul, se demander si les moyens qu'il a pris ont pu contribuer à l'inefficacité de l'action.

Lorsqu'il utilise le test personnel d'efficacité, l'acteur qui attribue à la réaction de l'interlocuteur un code « rouge » constate que le moyen qu'il a pris pour produire l'effet visé a été inefficace et qu'à première vue, il y a erreur technique. La notion d'erreur utilisée ici ne signifie jamais que le moyen est mauvais « en soi » ; au contraire, on peut affirmer que le moyen utilisé à ce moment-là fait partie du répertoire du praticien et que si ce moyen a été utilisé par l'acteur, c'est qu'il a été efficace en d'autres circonstances. Les règles classiques du renforcement nous aident à comprendre cette généralisation. Prenons comme exemple un des moyens que peut prendre l'enfant qui veut obtenir quelque chose : il fait un crise. Dès que ses interlocuteurs cessent de répondre à cette stratégie, il l'abandonne comme étant habituellement inefficace. Il en va de même pour des praticiens qui, avec l'expérience, sélectionnent et retiennent uniquement des moyens qui s'avèrent efficaces de temps à autre. Selon la perspective extrinsèque présentée au début de ce chapitre, on peut juger de la probabilité de succès de différentes techniques utilisées par un acteur. Chaque modèle d'interaction privilégie certains moyens pour être efficace ; tantôt l'écoute active, tantôt la confrontation, tantôt le reflet de sentiments, tantôt la menace, tantôt la pression et ainsi de suite. Lorsqu'on évalue une pratique dans une perspective intrinsèque, les critères changent : on oublie les généralisations et on cesse d'agir en fonction d'un idéal pour trouver, dans une situation particulière, la stratégie optimale. Par exemple, on a vu au début du chapitre que Mélinda, stagiaire en relation d'aide, avait commis une erreur technique lorsqu'elle avait demandé à son client s'il était d'accord avec une proposition qu'elle venait de lui faire. En soi, il est bon d'écouter son interlocuteur et de le consulter, et dans une évaluation extrinsèque, on pourrait conclure que le moyen utilisé par Mélinda était un « bon » moyen ; dans une perspective intrinsèque d'autorégulation, il s'agissait quand même d'une erreur technique car son intention n'était pas de donner du pouvoir à son client sur le choix d'une cible, à ce moment précis de l'entretien. Mélinda a spontanément corrigé cette erreur en commençant à traiter du sujet qu'elle « proposait » sans attendre la réponse du client.

Lorsqu'on déclare qu'il y a erreur, on se prononce uniquement sur le fait que, dans cette situation précise, en tenant compte des personnalités de l'acteur et de l'interlocuteur, le moyen utilisé n'a pas produit l'effet visé ni provoqué une réaction permettant de progresser vers l'effet visé. En pratique, lorsqu'on analyse un dialogue, on peut considérer comme une erreur technique toute repartie de l'acteur qui est suivie d'un comportement de l'interlocuteur codé en rouge. Il est utile de rappeler que la compétence de l'acteur n'est nullement en cause lorsqu'on parle d'erreur ; il a été établi que la compétence, en matière de communication, ne consiste pas à ne pas faire d'erreurs, mais à corriger celles-ci rapidement, dans le feu de l'action. L'efficacité est un processus par essais et erreurs et un acteur qui se valorise dans le fait de ne pas commettre d'erreurs se prive des ressources que lui offre la praxéologie pour augmenter son efficacité dans l'action.

Lorsqu'un acteur constate que le moyen qu'il vient d'utiliser n'est pas approprié, il essaie de nouveaux moyens, et ce jusqu'à ce qu'il épuise les éléments de son répertoire ou constate que le manque d'efficacité n'est pas attribuable uniquement aux moyens utilisés. Il procède ainsi à la boucle d'autorégulation de niveau I décrite dans le schéma de la figure 2.3 ; elle consiste à modifier son comportement sans modifier l'intention. S'il persiste au-delà d'un point où il est évident que son intention n'est pas réaliste, il commet un autre type d'erreur qui sera traité plus loin.

Il importe de distinguer la boucle d'autorégulation décrite ici d'une critique de ses stratégies faite selon la perspective extrinsèque décrite au début du chapitre, critique qu'on utilise couramment dans les discussions de cas entre collègues, par exemple, ou lorsqu'on se réfère à des ouvrages spécialisés. Cette critique extrinsèque, très utile ou même essentielle pour des débutants, peut présenter un danger, celui d'utiliser sans les critiquer les critères habituellement admis comme allant de soi dans son milieu. Les critères utilisés par l'acteur qui réfléchit sur sa pratique peuvent relever d'un surmoi professionnel (normes apprises à l'école) ou des opinions courantes ; cela ne veut pas dire que ces critères sont automatiquement valides. Chaque situation étant particulière, c'est souvent en essayant des stratégies « non orthodoxes » que l'on peut devenir efficace. La seule façon d'éviter d'être paralysé par le savoir acquis à l'université ou ailleurs est d'expérimenter une stratégie et de l'évaluer intrinsèquement en fonction de sa propre intention.

Un cas typique a été illustré plus haut avec l'exemple de Mélinda : dans des situations d'inefficacité, plusieurs acteurs constatent qu'ils n'ont pas écouté leur interlocuteur et concluent *a priori* que la solution pour l'avenir sera d'écouter davantage. C'est là une résolution noble, mais qui risque d'être stérile si l'acteur ne découvre pas pourquoi il n'a pas écouté. Une fois conscient de son intention, il pourra déterminer avec précision l'effet qu'il veut produire et se demander si le fait d'écouter son interlocuteur est un moyen adéquat pour produire cet effet.

Une stratégie ne peut être déclarée bonne ou mauvaise *a priori*. On peut considérer qu'elle est bonne en soi, car si un acteur l'utilise, c'est qu'elle lui a permis d'être efficace en d'autres circonstances. Dans chaque situation, l'acteur devra évaluer l'efficacité « ici et maintenant » des moyens utilisés en fonction de son intention et en fonction de l'interlocuteur qui est devant lui. S'il reste vrai que la fin ne justifie pas les moyens, on peut affirmer, cependant, que la fin permet d'évaluer la pertinence des moyens. Un moyen est bon, dans une situation précise, uniquement s'il contribue à produire l'effet visé sans effet secondaire indésirable : dans la méthode utilisée ici, on considère que l'action précède le savoir. Une démarche praxéologique ne peut permettre de conclure qu'une stratégie est adéquate si l'effet visé n'a pas été produit.

Par ailleurs, elle ne permet pas non plus de conclure qu'un moyen est mauvais « en soi » parce qu'il n'a pas été efficace dans une situation précise. L'erreur technique est donc définie comme un comportement de l'acteur suivi d'un comportement de l'interlocuteur qui ne correspond pas à l'effet visé et qui par surcroît ne donne pas à l'acteur l'ouverture dont il a besoin pour progresser vers cet effet ; bref, tout comportement de l'acteur suivi d'un comportement de l'interlocuteur codé en rouge par l'acteur lui-même.

Lorsqu'un acteur s'entraîne à déceler rapidement ses erreurs techniques, il procède à ce qu'on appelle une boucle d'autorégulation de niveau I (*single loop learning*). Ce processus d'autorégulation est spontané et tout acteur qui ne produit pas du premier coup l'effet visé — c'est ordinairement ce qui se produit dans une interaction entre des personnes — se reprend spontanément, redit la même chose en d'autres mots, illustre sa pensée, ajoute des précisions, accumule les arguments, etc. La correction des erreurs techniques se fait spontanément ; dans le schéma du test personnel d'efficacité (figure 2.3), c'est ce que symbolisent les flèches qui vont de l'effet produit au comportement de l'acteur, puis du comportement de l'acteur vers l'effet immédiat. Souvent, le problème que rencontre un acteur inefficace est moins le manque d'autorégulation sur le plan technique qu'un acharnement à vouloir produire un effet irréalisable. C'est ce qui entraîne les escalades et les erreurs d'intention.

L'erreur d'intention

Si l'acteur qui réfléchit sur son action ne trouve aucun moyen pour produire l'effet visé, il doit attribuer son manque d'efficacité à une cause plus importante : le manque de réalisme de son intention. Lorsqu'on observe de l'extérieur ce qu'on appelle un dialogue de sourds, il est plus facile de voir les indices du manque de réalisme des acteurs qui cherchent en vain à imposer leurs points de vue respectifs. Comment se fait-il que l'acteur qui s'engage dans un tel dialogue persiste à vouloir arriver — contre tout espoir — à un effet immédiat que l'autre lui refuse ? Cette question reçoit rarement une réponse simple. Le praxéologue qui se la pose est fréquemment entraîné dans une longue réflexion sur les composantes socio-émotives de son action. Une documentation abondante propose des explications extrinsèques de ce phénomène. Par exemple, Argyris et Schön (1974) relient cet acharnement à une théorie de l'action axée sur la dynamique gagnant-perdant, sur la recherche d'un contrôle unilatéral et sur le refus de l'irrationnel.

Dans l'utilisation du test personnel d'efficacité, l'acteur est invité a utiliser le code des couleurs pour déterminer à quel moment il est préférable de laisser tomber, sans même devoir s'expliquer d'où vient son désir d'avoir raison ou de remporter la bataille. Si l'efficacité de son action l'emporte sur le désir de gagner, il peut utiliser la boucle d'autorégulation de niveau II (*double loop learning*) représentée dans le schéma qui illustre le test personnel d'efficacité. Cela signifie qu'au lieu de persister à produire un effet jugé irréalisable, il modifie son intention. L'analyse de plusieurs dialogues le révèle : après trois erreurs techniques successives, il est pratiquement impossible de devenir efficace si on ne fait que modifier sa technique. Par exemple, plus un acteur multiplie les arguments pour convaincre un interlocuteur qui, comme le dit l'expression populaire, « ne veut rien savoir », plus son interlocuteur résiste et mobilise son énergie pour réfuter les arguments ou s'esquiver. L'acteur compétent conclut qu'il est préférable d'abandonner, au moins temporairement. L'erreur d'intention consiste à persister à vouloir produire l'effet visé alors que les réactions de son interlocuteur indiquent clairement que l'intention n'est pas réaliste.

La notion d'escalade est utilisée pour aider un acteur à déterminer à quel moment sa persistance devient une erreur d'intention. L'escalade est définie comme une succession de plus de trois comportements qui se sont avérés inefficaces (comportements suivis de réactions codées en rouge par l'acteur). Un praxéologue averti se donne ordinairement trois chances de produire l'effet visé, après quoi il modifie radicalement sa stratégie ou change son intention. Dans un dialogue, si on observe quatre comportements codés en rouge d'affilée ou plus, on conclut à une erreur d'intention.

Dans l'utilisation du test personnel d'efficacité, l'acteur ne peut pas savoir, au départ, si son intention est réaliste. Ce n'est pas une erreur que d'avoir, à son insu, une intention irréaliste ; on parle d'erreur uniquement lorsqu'il y a escalade, car l'acteur dispose alors d'indices suffisants pour conclure que son action est inefficace. L'acteur qui utilise le test personnel d'efficacité emploie spontanément la boucle d'autorégulation de niveau I dans sa recherche d'efficacité. En présence d'un comportement en rouge ou en jaune, il modifie sa stratégie ; il utilise les différentes clés de son trousseau pour ouvrir la serrure ; mais s'il a épuisé les moyens à sa disposition pour produire l'effet visé, la seule façon de redevenir efficace est de modifier son intention en utilisant la boucle d'autorégulation de niveau II. Il peut, par exemple, corriger une erreur d'intention et sortir d'une escalade en ajournant la rencontre qui semble sans issue. Chacun des partenaires pourra ainsi reprendre son souffle et faire le point.

L'erreur d'intention vient souvent du fait qu'un acteur ne porte pas attention, dans l'action, aux effets qu'il veut produire. En utilisant régulièrement le test personnel d'efficacité, l'acteur devient de plus en plus attentif à ses propres intentions ; il peut alors découvrir rapidement ses erreurs d'intention et les corriger dans l'action. Il est plus facile de déceler une erreur d'intention lorsqu'on est conscient de l'effet que l'on veut produire chez l'autre, mais si l'acteur a commencé à prendre l'habitude de coder les réactions de son interlocuteur en fonction de son degré de satisfaction après chacune de ses reparties (codage en rouge, en jaune ou en vert), il peut savoir qu'il commet une erreur d'intention, et ce sans même savoir quelle est son intention ; dès qu'il devient conscient qu'il a accumulé plus de trois comportements codés en rouge d'affilée, il peut conclure que la cause de son manque d'efficacité est sans doute une erreur d'intention. Plusieurs praxéologues considèrent que leurs émotions travaillent pour eux dans leur recherche d'efficacité, et ils apprennent à les utiliser même lorsqu'ils ne peuvent nommer clairement leurs intentions.

L'acteur qui continue à s'interroger sur ses escalades découvre progressivement à quels besoins personnels il tente de répondre dans ses interactions. La typologie présentée au chapitre 7 l'aidera dans cet inventaire de ses besoins, ce qui lui permettra d'augmenter davantage son degré de conscience. L'acteur conscient des besoins qu'il cherche à satisfaire devient plus habile à modifier ses intentions et à accepter, le cas échéant, que certains facteurs qui échappent à son contrôle contribuent à le rendre inefficace.

Facteurs hors du contrôle de l'acteur

Dans toute relation, il y a des facteurs qui échappent au contrôle de l'acteur. Après avoir examiné ses comportements et ses intentions, l'acteur aura déterminé ce qui dépend de lui, dans l'explication de son manque d'efficacité. Parfois, il pourra modifier les causes identifiées et devenir plus efficace ; mais dans le domaine des relations humaines, il n'y a aucune magie. L'efficacité n'est pas toujours possible. De la même façon qu'il serait impertinent de taxer d'incompétence un médecin qui se déclare incapable de guérir une personne atteinte d'une maladie incurable, il serait impertinent de déclarer qu'un acteur est incompétent sur le plan interpersonnel parce qu'il ne peut être efficace dans un cas particulier : si les facteurs qui échappent à son contrôle s'avèrent plus déterminants que les erreurs techniques ou que les erreurs d'intention que l'on a commises, on doit conclure qu'il n'y a aucun moyen d'être efficace dans ce cas précis.

Même si l'acteur utilise une boucle d'autorégulation de niveau II, il ne peut pas toujours modifier son intention. Souvent, des contraintes institutionnelles ou professionnelles l'obligent à maintenir une intention, et ce même si celle-ci s'avère irréaliste. Par exemple, si un acteur doit obtenir de son interlocuteur une réponse précise à une question, il est possible qu'il épuise son répertoire de stratégies sans produire l'effet visé ; il est possible qu'il évite toute escalade en modifiant temporairement son intention dès qu'il commet trois erreurs techniques, mais la nature même de son mandat peut l'obliger à revenir à son intention initiale. S'il n'obtient pas alors la réponse requise, il pourra conclure qu'il a été inefficace pour des raisons qui échappent totalement à son contrôle.

Dans le cas d'un médecin qui tente d'obtenir de son patient qu'il prenne les médicaments prescrits, l'acteur ne peut renoncer à son intention. Le bien du patient exige que le médecin maintienne son intention. Il se peut que malgré l'utilisation des boucles d'autorégulation de niveau I et de niveau II, l'effet ne soit pas produit. L'acteur conclura alors qu'il a été inefficace en raison de facteurs qui échappent à son contrôle.

Il y a danger, bien sûr, que l'on attribue trop rapidement son manque d'efficacité à cette troisième cause, mais il y a aussi le danger inverse, celui de s'attribuer trop de pouvoir. Une fois que la réflexion sur l'action a permis à un acteur de prendre toute la responsabilité qu'il peut prendre dans un cas précis, il est en droit de conclure qu'il n'y a rien à faire. Si, après une application rigoureuse, la méthode conduit à une telle conclusion, l'acteur aura au moins la satisfaction d'avoir fait tout ce qui lui appartenait pour obtenir l'effet visé. Un des énoncés qui traduit la règle de la non-ingérence, objet du chapitre 6, invitera l'acteur à prendre sa place, toute sa place et rien que sa place.

Les facteurs qui échappent aux contrôles de l'acteur sont nombreux ; il y en a dans la situation elle-même et chez l'interlocuteur, mais il y en a aussi chez lui. Un acteur peut parfois constater le caractère irrationnel de son comportement, savoir intellectuellement, par exemple, qu'il ne pourra modifier ses stratégies ou ses intentions, mais persister malgré tout à poursuivre l'impossible. L'acteur qui conclurait que « c'est plus fort que lui » et persisterait dans ses intentions irréalistes pourrait au moins savoir à quelles frustrations il doit s'attendre et se donner d'autres moyens de combler ses besoins inassouvis.

CONCLUSION

L'ensemble de la démarche décrite dans ce chapitre se résume dans l'énoncé d'une règle de conduite, règle que se donne le praxéologue qui veut devenir plus conscient, plus autonome et plus efficace dans sa pratique. Elle est formulée dans l'encadré qui suit, intitulé « Principe de l'autorégulation ». Le texte qui apparaît à droite de l'énoncé du principe est un exemple d'aide-mémoire que des praxéologues ont trouvé pour se le rappeler. « Savoir ce qu'on veut » fait référence à l'effort de lucidité qui est fait pour nommer correctement l'intention ; « vouloir ce qu'on peut » fait référence à l'autorégulation qui permet de modifier l'intention lorsqu'il devient évident que celle-ci n'est pas réaliste.

Chaque praticien pourra se donner ainsi un aide-mémoire personnel qui guidera son action. Par exemple, un autre praxéologue préférait l'énoncé suivant : « l'erreur peut être stimulante », faisant ainsi référence au changement d'attitude qui s'était produit chez lui en utilisant le test personnel d'efficacité. Au lieu de chercher à se cacher à lui-même ses erreurs en attribuant trop facilement son manque d'efficacité à des facteurs hors de son contrôle, il découvrait que l'erreur n'est pas une « faute ». On l'a vu, les praxéologues observent que la compétence, sur le plan de la communication, ne consiste pas à ne plus faire d'erreurs mais à les identifier rapidement, pour les corriger dans le feu de l'action. De là découle ce principe de base pour une interaction efficace.

Principe de l'autorégulation

S'adapter en fonction de l'effet produit

J'évalue continuellement l'effet produit chez mon interlocuteur en fonction de mon intention et, au premier signe d'escalade, je modifie soit ma stratégie, soit mon intention.

Savoir ce qu'on veut et vouloir ce qu'on peut

Partie II

La coopération

3

LE PARTENARIAT

Pourquoi se battre lorsqu'on peut être alliés ?

La coopération est une valeur que la plupart des praticiens professent dans le domaine des relations humaines, mais les professionnels qui appliquent le principe de l'autorégulation savent qu'il y a souvent un écart énorme entre la théorie professée et la théorie pratiquée. Dans le contexte des recherches déjà citées dans l'introduction, la majorité des praticiens qui ont entrepris de réfléchir sur leur action ont adopté l'hypothèse de la coopération. Celle-ci se fonde généralement sur les modèles d'interaction reconnus dans leurs disciplines respectives. La quasi-totalité des praticiens croient que plus on traite son client comme un partenaire, plus on est efficace sur le plan professionnel. Ils ont mis cette hypothèse à l'épreuve dans la réflexion qu'ils faisaient sur leur pratique quotidienne. Ils ont ainsi découvert que la recherche inconditionnelle de la cooopération n'est pas appropriée. Il faut donc se donner des critères précis pour répondre à une question préalable : est-ce qu'il y a matière à coopération, et les conditions requises pour une relation coopérative sont-elles présentes dans telle situation ? La réflexion sur l'ensemble des cas recueillis au cours d'ateliers de praxéologie permet de formuler cinq règles spécifiques dont l'application permet de répondre à cette question, puis, le cas échéant, d'établir et de maintenir une structure de coopération. Le chapitre 3 présente la première de ces règles, nommée « règle du partenariat » ; elle consiste à définir précisément la structure de coopération puis à préciser les conditions de base qui permettent d'établir et de maintenir une telle structure.

DÉFINITION DE LA STRUCTURE

Chaque personne qui interagit dans un contexte professionnel structure implicitement ou explicitement la relation qu'elle établit avec ses interlocuteurs. Le schéma de la figure 3.1 intitulée « Structures de la relation acteur-interlocuteur » présente trois situations typiques : une structure de pression, une structure de service et une structure de coopération.

Figure 3.1
Structures de la relation acteur-interlocuteur

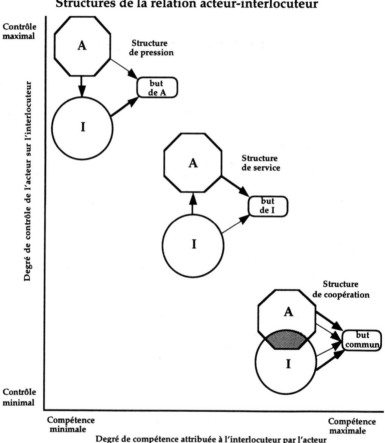

La structure de la relation est définie en fonction du degré de contrôle que l'acteur exerce sur son interlocuteur et en fonction du degré de compétence attribuée à celui-ci par rapport à l'objet de l'interaction[1].

_____

1. Pour une analyse plus poussée, voir Tessier, R., « Relations de pouvoir et structure des buts. Une typologie des tactiques de changement social intention-

On observe une relation linéaire entre ces deux facteurs : le degré de contrôle exercé par l'acteur est inversement proportionnel au degré de compétence attribuée à l'interlocuteur. Plus l'acteur considère son interlocuteur comme démuni ou réticent par rapport à l'objet de sa pratique, plus il tente de le contrôler et de contrôler la relation elle-même. On parle ici de contrôle unilatéral. À l'inverse, plus l'acteur accorde à son interlocuteur une part de compétence par rapport à l'objet de sa pratique, plus il l'écoute, tient compte de ses avis, partage avec lui l'information dont il dispose et l'associe à la planification puis à l'organisation de l'interaction. En conséquence, le contrôle que l'acteur exerce sur son interlocuteur et sur la relation elle-même est minimal : on parle alors d'un contrôle bilatéral.

Le schéma de la figure 3.1, intitulée « Structures de la relation acteur-interlocuteur », illustre trois structures définies en mettant respectivement en abscisse et en ordonnée les deux facteurs mentionnés. Chaque structure est représentée par un schéma qui comprend trois éléments : un octogone qui représente l'acteur, un cercle qui représente l'interlocuteur et un rectangle qui désigne le but de l'interaction. Les flèches qui relient les partenaires au but caractérisent le type de rapport qui existe entre chaque personne et le but visé dans l'interaction : une flèche en trait pointillé signifie que le but est déterminé par le partenaire qui est à l'origine de la flèche, mais que ce but ne peut être atteint sans une action de l'autre partenaire ; une flèche en trait plein signifie que l'action de la personne qui est à l'origine de la flèche est indispensable pour que le but visé soit atteint. Lorsqu'une flèche apparaît entre les deux partenaires, elle signifie que celui qui est à l'origine de la flèche demande à son vis-à-vis de poser les gestes nécessaires pour que le but visé soit atteint.

Ce système de coordonnées permet de définir trois structures de base et pourrait éventuellement permettre de découvrir des structures intermédiaires en faisant varier les facteurs représentés par les deux axes du graphique.

La structure de pression

La structure qui apparaît au haut de la figure 3.1 est désignée comme une structure de pression. Elle s'établit naturellement lorsque l'acteur exerce un contrôle maximal sur l'interlocuteur, comme conséquence du fait qu'il attribue à celui-ci peu de compétence (ou ne lui en attribue pas du tout) par rapport à l'interaction en cours. L'interlocuteur est perçu et traité comme un exécutant qui doit suivre les directives ou les orientations de l'acteur. Celui-ci contrôle à la fois le but et le processus qui permettra d'atteindre le but.

---

nel », *in* Tessier, R. et Tellier, Y. (Édit.) (1991), *Changement planifié et développement des organisations*, Québec : Les Presses de l'Université du Québec, t. 5, chap. 9.

Dans la représentation schématique, la flèche qui relie l'acteur au but est en trait pointillé pour signaler que c'est lui qui détermine le but de façon unilatérale : dans le rectangle, il est spécifié que c'est le but de l'acteur (but de A) qui oriente l'interaction. Par ailleurs, l'acteur ne peut atteindre le but visé sans que l'interlocuteur fasse quelque chose : c'est ce que signifie la flèche en trait plein qui relie l'interlocuteur au but visé. En conséquence, l'acteur essaie d'influencer l'interlocuteur pour que celui-ci fasse ce qu'il faut pour atteindre le but visé : c'est ce que signifie la flèche en trait plein qui part de l'acteur et va vers l'interlocuteur.

Il s'agit ordinairement de situations dans lesquelles l'acteur prend l'initiative de la relation pour s'acquitter d'un mandat qui lui est confié par un tiers en fonction d'un but qui offre peu d'attrait pour l'interlocuteur ou n'en offre pas du tout. Par exemple, c'est le cas lorsqu'un inspecteur intervient auprès d'une personne pour faire respecter une norme quelconque.

Même lorsque l'intérêt de l'interlocuteur est au centre de l'interaction, par exemple lorsqu'on intervient pour éviter qu'un enfant soit maltraité, la compétence de celui-ci par rapport à l'intervention peut être faible en raison de la dépendance affective qui le lie aux personnes dont on veut le protéger.

Certains éducateurs travaillant auprès d'individus qui retournent aux études à la suite de contraintes financières ou sociales se retrouvent souvent, malgré eux, dans une structure de pression, alors que leur formation les avait préparés à travailler dans une structure où la compétence et la motivation de l'interlocuteur sont plus élevées. L'étudiant agit comme s'il n'avait aucune compétence ni aucune motivation pour apprendre la matière du cours ; en conséquence, on se retrouve dans une structure de pression : l'acteur détermine le niveau d'apprentissage visé puis exerce un contrôle unilatéral, en demandant à son interlocuteur d'exécuter une série d'exercices pédagogiques.

Une autre situation type qui entraîne une structure de pression est l'action d'un militant. Pour atteindre le but fixé par lui ou par le groupe dont il fait partie — secte, exécutif syndical, groupe de pression — celui-ci utilise des stratégies pour obtenir que d'autres personnes posent les gestes qui permettront d'atteindre le but visé ; par exemple, tel militant syndical cherchera à convaincre les membres d'un syndicat de descendre dans la rue pour faire pression sur la partie patronale et obtenir la signature d'un contrat de travail intéressant.

La structure de service

La seconde catégorie décrit la relation professionnel-client typique ; elle est située au centre de chacun des axes du graphique de la figure 3.1 ; elle est désignée comme une structure de service. L'interlocuteur est un client et ce client est perçu comme relativement compétent par rapport à l'interaction en cours ; c'est lui, par exemple, qui détermine le but visé. Par ailleurs, sa compétence est limitée et c'est pourquoi il fait appel à une autre personne, un professionnel, qui sait ce qu'il faut faire pour que le but visé soit atteint. Le professionnel contrôle encore le processus de l'interaction, mais il doit tenir compte des contraintes que le client lui impose. Ordinairement, c'est celui-ci qui prend l'initiative de la relation en faisant appel aux services du professionnel dont il devient le client. À l'inverse de ce qui se produit dans une structure de pression, c'est le professionnel qui est ici dans une position d'exécutant. Le client, pour sa part, a besoin de la compétence du professionnel pour atteindre un but qu'il s'est fixé.

Par rapport à l'axe qui permet de déterminer le degré de contrôle exercé par l'acteur, la structure de service se situe à mi-chemin entre un contrôle maximal et un contrôle minimal. D'une part, même si le client a le pouvoir de décider de poursuivre ou non l'interaction, le professionnel contrôle ordinairement la façon de formuler la situation qui sera traitée. Il pourra à l'occasion procéder à un recadrage si le client formule une demande qui témoigne d'une compréhension inadéquate des services que le professionnel peut lui rendre. C'est le cas courant d'une relation d'aide psychologique, lorsqu'un client demande une réponse rapide dans un domaine où il faudra que le professionnel et le client cherchent ensemble une réponse en tenant compte de la situation particulière. Le proverbe suivant, maintes fois cité pour illustrer la nature d'une relation d'aide psychologique, illustre ce type de recadrage : « Si quelqu'un a faim et si tu lui donnes un poisson, tu le nourris pour la journée ; si tu lui apprends à pêcher, tu le nourris pour la vie. » D'autre part, dans une structure de service, le professionnel assume ordinairement de façon unilatérale le contrôle du processus même de l'interaction.

Dans la représentation schématique, la flèche qui relie l'interlocuteur au but est en trait pointillé pour signaler que c'est lui qui détermine le but : dans le rectangle, il est spécifié que c'est le but de l'interlocuteur (but de I) qui oriente l'interaction. Par ailleurs, pour que le but visé soit atteint, l'acteur doit agir et mettre sa compétence au service de l'interlocuteur. En conséquence, l'interlocuteur demande à l'acteur de faire ce qu'il faut pour atteindre son but : c'est ce que signifie la flèche en trait plein qui part de l'interlocuteur et va vers l'acteur.

Le parent qui reçoit une demande d'un enfant incapable d'accomplir par lui-même ce qui satisferait un besoin est dans une structure de service. C'est le cas de la plupart des relations où c'est l'interlocuteur qui a pris l'initiative de l'interaction.

Par exemple, la personne qui veut obtenir le règlement d'un divorce fixe le but de l'intervention, mais c'est surtout l'action du professionnel — en l'occurrence l'avocat — qui permettra d'atteindre ce but. Le professionnel peut parfois influencer le client et l'amener à modifier le but visé, s'il trouve celui-ci irréaliste, mais selon toute éventualité, c'est le client qui a le pouvoir de décider de poursuivre ou non l'intervention. Le contrôle est donc partagé : le professionnel exerce un contrôle sur le processus même de l'interaction, sous l'influence du client qui contrôle le but visé et la poursuite de l'intervention.

Le médecin, l'infirmière, le psychologue et la plupart des professionnels de la santé se retrouvent eux aussi dans une structure de service, mais il y a une particularité : le but à atteindre — la guérison, le soulagement d'un symptôme, le changement d'un comportement — n'est pas extérieur au client. Plusieurs praticiens croient que dans une telle situation, il y a avantage à créer une structure de coopération.

Le professionnel qui exerce un rôle de conseil est parfois dans une position difficile : en principe, il devrait utiliser sa compétence pour permettre au client d'atteindre le but qu'il a lui-même défini, établissant ainsi une structure de service ; en pratique, son expérience et ses habiletés l'amènent souvent à formuler des opinions qui ne correspondent pas au but que le client a défini. Sans le vouloir, le professionnel risque alors de se retrouver dans une structure de pression. La seule façon de résoudre ce dilemme à la satisfaction des deux partenaires est d'établir et de maintenir une structure de coopération.

La structure de coopération

Le troisième schéma qui apparaît au bas de la figure 3.1 représente une troisième catégorie, désignée comme une structure de coopération. La compétence que l'acteur attribue à l'interlocuteur est très élevée et, en conséquence, le contrôle exercé par l'acteur sur l'interlocuteur est minimal : les deux partenaires exercent un contrôle bilatéral autant sur le processus de l'interaction que sur le but à atteindre. Aucun des partenaires n'est perçu comme un exécutant par rapport à l'autre.

Dans la représentation schématique, les flèches qui partent des deux partenaires signifient que le but est défini conjointement ; les flèches en traits pleins signifient que l'action concertée des deux partenaires est requise pour que le but soit atteint. Le recouvrement partiel des figures signifie qu'il y a interdépendance des partenaires, l'influence allant dans les deux sens : chacun a besoin de l'autre pour déterminer un but commun, puis pour atteindre ce but.

Plusieurs professionnels privilégient cette structure, car elle permet d'obtenir de meilleurs résultats que la structure de service dans laquelle le client est passif. C'est le cas, par exemple, de la relation qui s'établit entre un architecte et un client qui entreprennent de construire ensemble une maison qui réponde aux besoins du client. On peut comparer la structure de service au « prêt-à-porter » ; c'est le catalogue de maisons usinées que le constructeur met à la disposition du client ; on peut comparer la structure coopérative au « sur mesure » ; c'est la maison construite en fonction des désirs particuliers du client.

Dans l'exercice d'un rôle de conseil, on considère que le maximum d'efficacité est atteint lorsqu'on réussit à établir et à maintenir une relation de coopération, car l'un des objectifs professionnels est l'autonomie du client. On souhaite que la dépendance initiale du client, qui caractérise une structure de service, diminue progressivement et que le client utilise de plus en plus ses propres ressources pour atteindre les buts qu'il se fixe.

Le lecteur qui veut vérifier sa compréhension des trois structures décrites plus haut peut utiliser le guide présenté dans l'encadré intitulé « L'évaluation de la structure » pour déterminer la structure de la relation dans le cas personnel qui à servi à sa rédaction, dans le cadre du chapitre précédent.

L'évaluation de la structure

Les questions qui suivent peuvent aider à définir la structure d'une relation entre un acteur et son interlocuteur.

1)   *Qui détermine le but de l'interaction ?*

L'acteur : structure de pression.

L'interlocuteur : structure de service.

Les deux également : structure de coopération.

2)   *Pour que le but soit atteint, quel est celui qui doit surtout agir ?*

L'acteur : structure de service.

L'interlocuteur : structure de pression.

Les deux également : structure de coopération.

3)   *Au cours de l'interaction, quelle est la personne qui exerce l'influence et quelle est celle qui est influencée ?*

L'acteur essaie d'obtenir quelque chose de l'interlocuteur : structure de pression.

L'interlocuteur demande quelque chose et est surtout réceptif à l'acteur : structure de service.

Les deux s'influencent mutuellement à tour de rôle : structure de coopération.

LE PARTENARIAT

D'après les recherches faites par Argyris et Schön (1974), on peut considérer que dans une situation difficile, l'acteur cherche à contrôler la relation de façon unilatérale en fonction de ses attentes et de ses besoins ;

Figure 3.2
Contrôle unilatéral de la relation

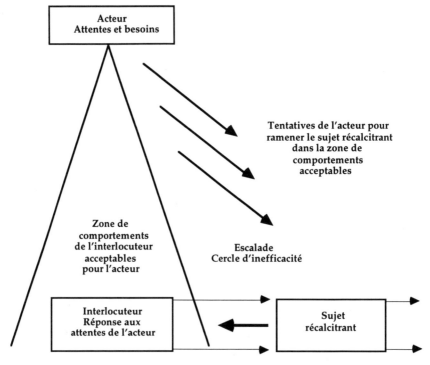

il définit implicitement une **zone de comportements acceptables** chez son interlocuteur. Dans le schéma de la figure 3.2 intitulée « Contrôle unilatéral de la relation », le triangle vertical représente cette zone. Lorsque l'interlocuteur, qui a lui aussi des attentes et des besoins, sort de cette zone, il devient, aux yeux de l'acteur, ce qu'on appelle un **sujet récalcitrant** parce qu'il tente d'échapper aux visées contrôlantes de l'acteur. Dans le schéma, les flèches en traits minces indiquent les déplacements vers la droite de l'interlocuteur qui devient « sujet récalcitrant ». La réaction habituelle de l'acteur, en pareil cas, est d'amplifier la stratégie qu'il utilisait pour produire l'effet visé ; il cherche ainsi à ramener son interlocuteur dans la zone de comportements acceptables : il accumule les arguments pour convaincre, il exerce une pression, etc. Dans le schéma, c'est ce que signifient les flèches en traits gras qui partent de l'acteur et sont orientées vers le « sujet récalcitrant », puis vers la zone de comportements acceptables. En réaction, l'interlocuteur résiste davantage et s'éloigne encore plus de la zone de comportements acceptables définis par l'acteur, comme l'indiquent les flèches plus petites, en traits minces, qui partent du « sujet récalcitrant » et vont vers la droite. Il en résulte une **escalade** entre les deux partenaires. Il s'établit ce qu'on peut appeler un **cercle d'inefficacité** qui a pour effet d'augmenter le degré de frustration de l'acteur.

Le praticien qui désire établir une structure de coopération devra donc tout d'abord se demander s'il peut accorder une certaine compétence à son interlocuteur par rapport à l'objet de l'interaction. Dans l'affirmative, il pourra envisager de modifier le type de contrôle qu'il exerce spontanément sur son interlocuteur lorsqu'il est dans une structure de pression ou, à un degré moindre, lorsqu'il est dans une structure de service. Il est exceptionnel qu'une interaction débute d'emblée dans une structure de coopération. Lorsque c'est le praticien qui prend l'initiative de l'interaction, il a déjà en tête un objectif qu'il ne pourra atteindre sans une action précise de son interlocuteur. Celui-ci répond à une invitation et il est dans une position où il s'attend à être influencé par le praticien. Lorsque c'est le client qui commence l'interaction, il a déjà déterminé un objectif. Il formule une demande et il s'attend à ce que le praticien agisse d'une certaine façon pour que son but soit atteint. C'est lui qui exerce une pression dès que le praticien n'agit pas selon ses attentes.

Chacune de ces situations présente ses difficultés lorsqu'on tente d'établir un partenariat. La difficulté majeure que rencontre le praticien qui se trouve dans une structure de pression est la résistance au changement : d'emblée, l'interlocuteur qui n'a rien demandé n'est pas motivé à faire ce que le praticien attend de lui ; pour peu que les demandes de l'acteur le dérangent, il manifeste sa résistance. Quant à la difficulté majeure que rencontre le praticien qui se trouve dans une structure de service, c'est la dépendance du client. Dans les deux cas, on voit facilement apparaître une escalade si on demeure à l'intérieur de ces structures, soit parce que le praticien exerce une pression pour changer son interlocuteur, soit parce que le client exerce une pression afin que le praticien agisse selon ses attentes. Puisque le client paie pour le service qu'il demande, le contrôle que peut exercer le praticien est moins élevé dans la structure de service ; mais dans les deux cas, le praticien risque de se retrouver en pleine escalade s'il ne trouve pas une stratégie pour transformer une structure de pression ou une structure de service en structure de coopération.

Le premier pas à faire pour aller dans cette direction est proposé dans la règle du partenariat qui se formule ainsi : « **Chercher et nommer un intérêt commun.** »

Pour appliquer cette règle, le praticien doit vérifier s'il peut véritablement accorder une certaine compétence à son interlocuteur par rapport à l'interaction elle-même. S'il le voit comme un simple exécutant qui devrait suivre ses directives, il n'y a pas de coopération possible. Par contre, s'il croit que son interlocuteur a une part importante à jouer dans l'atteinte des objectifs visés, il lui accorde une plus grande participation et ne limite plus l'interlocuteur dans son champ de compétence. Dans la figure 3.2 qui symbolisait un contrôle unilatéral, la marge de manœuvre que l'acteur laissait à son interlocuteur était étroite : dès que celui-ci ne répondait pas aux attentes de l'acteur (comportements codés en rouge), il était perçu comme un sujet récalcitrant. Dans la figure 3.3, intitulée

Figure 3.3
Vers un contrôle bilatéral

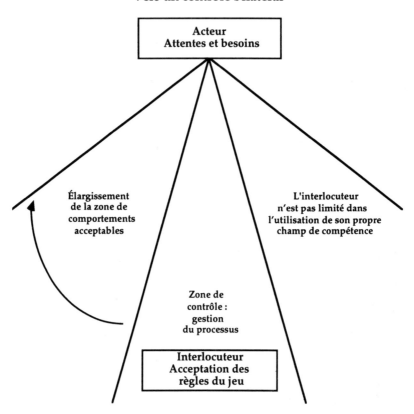

« Vers un contrôle bilatéral », on observe un élargissement de la zone de comportements que l'acteur considère comme acceptables. Le praticien continue à exercer un certain contrôle quant à la gestion du processus d'interaction ; il considère que c'est sa principale responsabilité de trouver une stratégie pour que son interlocuteur accepte les règles du jeu d'un partenariat. Ces règles sont nombreuses et il faudra l'ensemble des chapitres qui suivent pour en faire le tour, mais deux exemples serviront à illustrer comment un praticien peut établir une structure de coopération à partir d'une structure initiale de pression, ou d'une structure initiale de service.

D'une structure de pression à la coopération

Le cas présenté dans l'encadré intitulé « Un cas de résistance » illustre une escalade typique d'une structure de pression. L'acteur, Doris, enseigne dans une école élémentaire. Doris, qui a noté des difficultés de langage prononcées chez un de ses élèves de première année, a pris l'initiative de convoquer les parents. Son objectif : obtenir leur autorisation pour que l'enfant soit évalué en orthophonie. C'est la mère de l'enfant, identifiée comme Madame T..., qui se présente à la rencontre. Le dialogue tel que vécu par Doris est reproduit dans l'encadré. Il est présenté à l'aide de l'instrument de collecte de données proposé dans le chapitre précédent. Doris se rappelle l'essentiel du dialogue puis note dans la colonne de gauche quelques exemples de l'expérience vécue pendant ce dialogue. Le test personnel d'efficacité a été utilisé ; Doris a indiqué vis-à-vis de chaque repartie de Madame T... la couleur qui indique si celle-ci répond ou non à ses attentes. Il n'y a aucune repartie « verte », ce qui indique que Doris n'a pas produit l'effet visé ; quant au jaune, il indique un comportement acceptable qui donne espoir de progresser vers le résultat attendu ; enfin, le rouge indique une réaction contraire aux attentes de Doris. Les quatre comportements d'affilée codés en rouge indiquent une escalade.

Un cas de résistance

Nom de l'acteur : Doris

Nom donné à l'interlocuteur : Madame T..., mère de Marco

Intention : Dans cette interaction, je voulais que mon interlocuteur... signe une autorisation pour que son fils soit évalué en orthophonie.

Le vécu :	**Le dialogue :**
Ce que j'ai vécu pendant le dialogue :	Ce que j'ai dit ou fait (n°) et ce que l'autre a dit ou fait (trait) :
	[Après avoir parlé de l'ensemble de la situation, on arrive au cœur du sujet.]
Il est temps de passer à l'attaque.	1. Madame T..., vous avez remarqué sans doute que Marco a beaucoup de difficulté à parler.
Wow, pas si vite... *Jaune*	– Quand est-ce que vous allez lui apprendre à parler ?

Le vécu :	**Le dialogue :**
Ce que j'ai vécu pendant le dialogue :	Ce que j'ai dit ou fait (n°) et ce que l'autre a dit ou fait (trait) :
Je ne sais pas si elle va le prendre.	2. Je fais ce que je peux en classe, mais je pense qu'il serait utile que Marco ait une évaluation en orthophonie ; mais pour qu'il puisse être évalué, vous devez signer cette autorisation [présente le formulaire].
Bon, une autre qui est incapable de faire face à la réalité. *C'est ça, c'est à nous de régler le problème.* *Rouge*	– [Sur un ton agressif] **Comment ça, une évaluation ?** Mon fils n'est pas malade. C'est pour ça qu'il vient à l'école, pour apprendre à parler.
	3. Vous savez, ce n'est pas aussi simple que ça...
Ouais, pourquoi pensez-vous qu'il ne se décide pas ? *Rouge*	– [En coupant] Mon médecin me l'a dit : le jour où il décidera de parler, il pourra le faire.
Essayons de l'amadouer.	4. Vous avez sûrement raison, mais il est aussi possible que votre enfant ait des difficultés...
Comme c'est simple. *Rouge*	– Non, c'est seulement parce que sa sœur parle toujours à sa place.
Il faut qu'elle comprenne.	5. J'en ai parlé à des collègues et nous croyons vraiment que c'est plus sérieux que ça. Pour le bien de Marco, nous vous recommandons d'accepter un examen plus poussé de sa situation.
Quelle tête de mule! *Rouge*	– Non, je ne veux pas d'examen.

Ingérence ⟵

Au début de sa démarche de praxéologie, Doris a d'abord formulé ainsi son intention : « Dans cette interaction, je voulais... que Madame T... signe une autorisation pour que son fils soit évalué en orthophonie. » Cette formulation répond à tous les critères définis au chapitre précédent et elle est cohérente avec chaque élément du dialogue. Au cours de sa réflexion, Doris a pris conscience que cette intention avait pour effet de maintenir une structure de pression : Madame T... était considérée comme une exécutante et la seule attitude acceptable d'un parent digne de ce nom était, selon Doris, de donner l'autorisation demandée. En accumulant les arguments, en faisant appel au bon sens de son interlocutrice, Doris constate que la résistance ne fait qu'augmenter ; les comportements codés en rouge se multiplient et on se retrouve en pleine escalade. Madame T... persiste à être un sujet récalcitrant par rapport aux attentes de Doris. Au cours d'un atelier de praxéologie, plusieurs collègues de Doris, sous forme de jeux de rôles, essayèrent sans succès de produire chez Madame T... l'effet visé par Doris, en ayant recours à la boucle d'autorégulation de niveau I (qui consiste à modifier la stratégie sans modifier l'intention).

Dans la recherche d'une autre possibilité, Doris en arrive finalement à modifier son intention (boucle d'autorégulation de niveau II) pour tenter de créer un partenariat. Le dialogue qui en est résulté est reproduit dans l'encadré intitulé « La solution du problème de Doris ». L'intention n'est plus « que Madame T... signe l'autorisation » mais « qu'elle fasse un choix éclairé... » Le début du dialogue est semblable au premier, exception faite des annotations de la colonne de gauche qui indiquent le changement de perspective chez Doris : d'une part, la troisième repartie qui était codée en rouge dans le premier dialogue est maintenant codée en jaune ; elle est devenue acceptable en fonction de la nouvelle intention. D'autre part, les commentaires indiquent une attitude différente ; par exemple, « Il est temps de passer à l'attaque » fait place à un commentaire plus cohérent avec l'approche de coopération : « Il est temps d'aborder le sujet. » À partir de la troisième intervention, la stratégie est complètement différente.

La solution du problème de Doris

Nom de l'acteur :   Doris

Nom donné à l'interlocuteur :   Madame T... mère de Marco

Intention : Dans cette interaction, je voulais que mon interlocuteur... que Madame T... fasse un choix éclairé, qu'elle se dise consciente des conséquences du fait de donner ou non l'autorisation pour que son fils soit évalué en orthophonie.

Le vécu :	Le dialogue :
Ce que j'ai vécu pendant le dialogue :	Ce que j'ai dit ou fait (n°) et ce que l'autre a dit ou fait (trait) :
	[Après avoir parlé de l'ensemble de la situation, on arrive au cœur du sujet.]
Il est temps d'aborder le sujet.	1. Madame T..., vous avez remarqué sans doute que Marco a beaucoup de difficulté à parler.
Wow, pas si vite... *Jaune*	– Quand est-ce que vous allez lui apprendre à parler ?
Je ne sais pas si elle va le prendre.	2. Je fais ce que je peux en classe, mais je pense qu'il serait utile que Marco ait une évaluation en orthophonie ; mais pour qu'il puisse être évalué, vous devez signer cette autorisation [présente le formulaire].
Bon, c'est ce que je craignais ; elle se sent menacée. *Jaune*	– [Sur un ton agressif] **Comment ça, une évaluation ?** Mon fils n'est pas malade. C'est pour ça qu'il vient à l'école, pour apprendre à parler.
Pourquoi réagit-elle si fortement ? *Jaune*	3. Qu'est-ce que vous craignez ?
	– Je ne veux pas que mon fils soit à part des autres.
Je vois ce qui la trouble. Essayons de trouver un terrain d'entente.	4. Je comprends vos réticences. Écoutez, j'ai une proposition à vous faire. Je vais vous expliquer ce qui peut se passer si vous décidez d'accepter une évaluation en orthophonie ;

C'est tout ce que je vous demande.

vous me parlerez de vos objections et nous chercherons ensemble ce qui est la meilleure décision pour vous. Êtes-vous d'accord avec ça ?

— Ouais, je veux bien écouter ce que vous avez à me dire mais vous ne pouvez me forcer à signer ce papier.

Jaune

Chacun son métier : je vous donne l'information et c'est vous qui décidez.

5. C'est exact, ce sera votre décision, et je respecterai votre décision, quelle qu'elle soit. J'aimerais seulement que vous ayez toute l'information avant de prendre votre décision.

Elle ne veut vraiment pas comprendre.

— Qu'est-ce qui est si compliqué que ça ? Pourquoi vous ne lui apprenez-vous pas à parler en classe ?

Rouge

Si je l'invite à parler, elle va peut-être comprendre que je ne veux rien lui imposer.

6. Je pourrai vous expliquer ce que j'ai observé en classe ; mais j'aimerais aussi que vous me disiez si vous avez observé des choses à la maison.

— À la maison sa sœur parle tout le temps.

Jaune

Je vais faire appel à ses ressources

7. Avez-vous noté des moments où il bégaie davantage ?

— Peut-être ; quand il est énervé.

Bravo, là on peut se parler.
Jaune

Je vais lui montrer que je ne trouve pas son enfant idiot parce qu'il bégaie.

8. Cela correspond à ce que j'ai observé en classe. Marco me semble un enfant très brillant et souvent il est excité quand il découvre

quelque chose ; mais quand il veut le communiquer, il hésite ou il se met à bégayer. Cela le choque, quand il ne peut pas dire ce qu'il veut ; et c'est pire quand les autres se moquent de lui.

C'est encore ma faute...

Rouge

— Vous ne devriez pas laisser les autres enfants rire de lui.

Patience, Doris, patience...

9. En classe, j'interviens, mais souvent c'est trop tard ; puis en dehors de la classe, je n'ai plus de contrôle. Je suis certaine que Marco doit souffrir de son handicap.

Oups ; il ne faut pas parler de handicap.

— Il n'est pas malade ; le pédiatre m'a dit que le jour où il va se décider à parler, il n'aura plus de problème.

Rouge

J'essaie encore une fois d'éclairer sa lanterne.

10. Sans être malade, il a un problème particulier et c'est la raison pour laquelle je souhaite une évaluation par l'orthophoniste.

Elle se bute à nouveau.

— Non, faites-le parler plus souvent en classe et cela va guérir.

Rouge

Faut que je sorte de l'escalade.

11. Écoutez, Madame T..., je vous ai dit que c'est vous qui allez prendre la décision et si vous me dites que vous ne voulez pas signer l'autorisation, je vais respecter votre décision.

Encore!

Rouge

— C'est ça, c'est à vous de le faire parler.

*Tant pis si je ne réussis pas ;
j'ai fait ce que j'ai pu.*

12. Est-ce que vous me dites que votre décision est prise ?

J'aime bien son hésitation.
Elle se sent un peu coupable et
si elle se sent obligée de se justifier
face à sa famille, c'est qu'elle a
compris le risque qu'elle prend.

— Ben oui [hésitation]...
Dans ma famille, ils vont
comprendre aussi que
je n'aie pas accepté ça.
Mon mari dit toujours
qu'on abuse des
spécialistes et il ne
voudra pas, j'en suis
certaine. Mes sœurs
aussi vont me com-
prendre. Moi-même,
j'a bégayé un peu
quand j'étais jeune
et ça s'est passé.

Jaune

Je ne crois pas qu'on puisse aller
plus loin. Elle a tout ce qu'il faut
pour comprendre les conséquences
de sa décision.

13. Parfait, on peut arrêter
ici pour aujourd'hui.
Puis-je quand même
vous demander d'y
réfléchir et d'apporter le
formulaire ? Je vous
laisse aussi un dépliant
qui explique en quoi
consiste le service
d'orthophonie.

C'est bon signe.

— [Elle prend les
documents et les met
dans son sac à main
puis elle quitte en
en disant : « Je vais y
réfléchir. »]

Jaune

C'est une conclusion correcte.
Je n'ai pas eu le comportement
codé en vert pendant l'entrevue,
mais là elle me communique
qu'elle prend ses responsabilités.
Elle a lu la brochure et elle
sent que c'est elle qui
contrôle le processus.

[Deux jours plus tard,
Marco apporte à Doris
le formulaire signé par
sa mère avec un petit
mot disant qu'elle
accepte une rencontre
avec l'orthophoniste
pour une évaluation,
mais qu'elle veut avoir
les résultats de
l'évaluation avant de
décider d'accepter ou
non les traitements
décrits dans la brochure.]

Vert

Dans cette simulation, on constate que Doris applique la règle de l'autorégulation. Tout a failli mal tourner, lorsque le terme « handicap » a fait bondir Madame T.... Celle-ci ne peut accepter de voir son fils comme handicapé. Doris a perçu cette erreur et réalisé qu'il en résultait une nouvelle escalade. Après quelques tentatives infructueuses pour corriger son erreur sur le plan de la stratégie (boucle d'autorégulation de niveau I), on revient à l'intention de base : « qu'elle prenne une décision ». La satisfaction exprimée par Doris et la couleur jaune attribuée à la réponse de Madame T..., après l'intervention n° 12, indiquent que les partenaires sont sortis de l'escalade. Il n'y aura pas encore d'efficacité au cours de la rencontre, en raison de facteurs qui échappent au contrôle de Doris ; mais paradoxalement toutefois, le comportement codé en vert est obtenu deux jours plus tard, lorsque Madame T... manifeste qu'elle a pris une décision éclairée. Le fait que Doris cesse d'exercer de la pression et d'alimenter la résistance de son interlocuteur a sans doute contribué à ce cheminement. Madame T... a sans doute lu la brochure et accepté une rencontre d'évaluation.

D'une structure de service à la coopération

Le cas présenté dans l'encadré intitulé « Un cas de dépendance » illustrera, cette fois, comment un praticien réussit à briser la dépendance initiale d'un client, dans une structure de service, de façon à établir un partenariat. Le praticien est un professeur d'université, dans un rôle de conseiller pédagogique ; il est consulté par Camille, étudiant de première année au baccalauréat.

Un cas de dépendance

1. Bonjour Camille, qu'est-ce que je peux faire pour toi aujourd'hui ?

—   Je viens vous voir parce que j'ai de la difficulté dans un cours et le professeur ne veut rien comprendre.

2. Bon, je peux essayer de t'aider. C'est quoi, cette difficulté ?

—   À chaque semaine, le professeur nous demande de lire une cinquantaine de pages en anglais. J'ai beaucoup de difficulté avec l'anglais et en plus ces textes sont difficiles. Même ceux qui lisent bien l'anglais trouvent ça difficile.

3. Tu disais que le professeur ne veut rien comprendre...

—   Oui, et je ne suis pas le seul à vivre cela. Nous en avons parlé dans la classe et deux étudiantes sont allées rencontrer le professeur à son bureau. Il a répondu que si on avait de la difficulté avec l'anglais, ce n'était pas son problème et que de toute façon c'est normal à l'université de prendre trois ou quatre heures par semaine pour préparer un cours.

---

4. Je vois. Y a-t-il quelque chose de particulier qui t'amène à me parler de ça aujourd'hui ?

— Bien, j'ai peur d'échouer ou d'avoir un D et que ça baisse ma moyenne cumulative.

5. Tu as peur d'échouer...

— Oui! Je me demandais si vous pourriez parler au professeur.

6. J'ai peur que ce soit difficile. Tu sais, c'est délicat. Chaque professeur a sa propre conception de la pédagogie et rien ne m'autorise à critiquer un collègue. Si quelqu'un devait le faire, ce devrait être le responsable du programme, s'il jugeait que les exigences du professeur sont excessives.

— Je comprends ça. Je m'attendais un peu à cette réponse... Mais je ne sais vraiment pas quoi faire.

7. Essayons de faire le point : ce que je comprends, c'est que présentement tu te sens débordé de travail dans ce cours-là, surtout à cause de ta difficulté avec les textes anglais. Tu en as parlé avec d'autres étudiants, vous avez essayé d'influencer le professeur pour qu'il diminue ses exigences, cela n'a rien donné et là tu commences à craindre un échec ou un D au moment de l'évaluation. Tu viens me voir parce que tu ne sais plus quoi faire pour résoudre ce problème.

— Oui, c'est exactement ça.

8. Je pense à quelque chose. L'an dernier, un étudiant a vécu une difficulté semblable et il a décidé de prendre un cours tutoral au département d'anglais. Il a négocié une démarche où un étudiant de ce département l'aidait à améliorer sa compréhension de l'anglais en utilisant des textes qu'il avait à lire pour ses cours de psychologie. Il a été très satisfait de la démarche. Crois-tu qu'une démarche comme celle-là pourrait t'aider ?

— Je ne sais pas.

9. Si jamais tu décidais d'utiliser cette démarche, je te donnerai le nom de la personne à contacter.

— J'ai peur que cela ne suffise pas pour m'aider à réussir le cours dont je vous parle.

10. OK. Cherchons d'autres moyens qui t'aideraient davantage...

— Oui (ton faible).

11. Penses-tu à quelque chose d'autre ?

— On pourrait peut-être demander au comité de coordination de faire une plainte auprès du coordonnateur du programme.

12. Penses-tu vraiment que cela peut changer quelque chose assez rapidement pour que le professeur modifie sa pédagogie ?

— Non. J'ai l'impression qu'il ne veut rien savoir.

13. Je ne veux pas te décourager si tu veux trouver des moyens pour modifier l'attitude du professeur, mais je crains que tu y mettes beaucoup d'énergie, alors que tu as déjà de la difficulté à rejoindre les deux bouts.

— Oui c'est vrai. Vous pensez qu'il n'y a rien à faire de ce côté-là ?

14. Il y aurait sans doute des choses à faire et, dans le passé, des étudiants ont réussi à influencer des professeurs, mais la plupart du temps ce sont les étudiants de l'année suivante qui en ont profité. Dans ton cas, si tu as peur d'échouer, je ne pense pas que cela réglera ton problème.

— Je trouve que certains professeurs abusent de leur pouvoir.

15. Hum, hum.

— (Silence prolongé).

16. Veux-tu qu'on parle un peu plus de ta peur d'échouer ?

— Oui (ton faible).

17. As-tu déjà échoué à un examen ?

— Non, mais j'ai déjà eu un C.

18. OK. Et tu crains, cette fois, d'avoir un D ou même d'échouer.

— Peut-être pas d'échouer, mais si j'ai un D ou même un C, cela va baisser ma moyenne cumulative et je ne serai pas accepté à la maîtrise.

19. Quelle est ta moyenne cumulative présentement ?

— 3.2.

20. C'est bien au-delà du 2.8 qui est exigé pour être admissible à la maîtrise.

— Je le sais ; mais dans la sélection, on prend uniquement les plus forts et si j'ai moins que 3.2, j'ai peur d'être refusé.

21. Oui, je vois ce qui te préoccupe. Écoute, Camille, cela me paraît un autre problème et nous pourrions en reparler une autre fois ; mais pour l'instant, c'est peut-être mieux de revenir à ton problème immédiat au sujet du cours dont nous parlions ; qu'en penses-tu ?

—   Oui, je veux bien.

22.   Qu'est-ce que tu pourrais faire pour obtenir la meilleure note possible ?

        (L'échange se poursuit pendant vingt minutes et Camille sort du bureau en remerciant le conseiller pédagogique de l'avoir aidé.)

        Ce dialogue illustre comment le partenariat n'est pas toujours facile à établir dans une structure de service. Après les premières interventions où le conseiller pédagogique prend connaissance de la demande, il établit les règles du jeu à l'intervention n° 6. Malgré une déception, Camille accepte la frustration mais manifeste sa dépendance : « Mais je ne sais vraiment pas quoi faire. » Le conseiller prend le temps de reformuler sa compréhension de la situation, puis il fait une suggestion. La réponse est encore sous le signe de la dépendance passive. Plutôt que de prendre en charge le problème de l'étudiant, le conseiller cherche encore, à l'intervention n° 10, à trouver la base d'un partenariat : « Cherchons ensemble... » Le oui donné sur un ton faible indique que Camille n'adhère pas encore au partenariat. Il lui relance la balle et Camille revient avec son idée de confronter le professeur en question. Le conseiller ne voit pas la base d'un partenariat, si on en juge par ses interventions n°s 12 et 13 où il met en doute l'efficacité de cette approche. Après un temps d'arrêt, il offre à nouveau une cible qui pourrait structurer une relation coopérative ; il reçoit encore un oui faible. La discussion se poursuit, mais le conseiller craint encore que l'on change de sujet. Il semble cependant qu'on se soit finalement entendu pour un partenariat autour du problème soumis initialement par l'étudiant.

CONCLUSION

        Une interaction s'amorce ordinairement dans le cadre d'une structure de pression ou d'une structure de service, selon que c'est l'acteur ou l'interlocuteur qui prend l'initiative de la rencontre et en détermine le but. Dans la mesure où l'acteur peut reconnaître la compétence de son interlocuteur, la coopération est possible. Le point de départ de la coopération est indiqué dans la règle du partenariat. L'aphorisme qui apparaît dans le tableau qui suit le rappelle : on se retrouve souvent, dans une structure de pression, en train de « se battre » avec un « sujet récalcitrant », lorsqu'on est en présence d'une résistance. La deuxième partie de l'aphorisme indique qu'en appliquant la règle du partenariat, on peut devenir des alliés. C'est ce qui s'est passé entre Doris et Madame T... dans le second dialogue. C'est également ce qui s'est passé entre le conseiller pédagogique qui, dans une structure de service, a réussi a transformer la dépendance initiale de Camille en une attitude plus active de façon que le conseiller pédagogique et l'étudiant cherchent ensemble une solution au problème. Un autre praxéologue, prenant conscience de sa capacité de sortir d'une escalade proposait la maxime suivante : « On n'est jamais obligé de se battre avec un client. »

Règle du partenariat

Chercher et nommer un intérêt commun

Quelle que soit la structure de la relation au point de départ — structure de pression ou structure de service —, je crée un partenariat en cherchant avec mon interlocuteur un objectif vers lequel nos intérêts convergent, de façon à pouvoir travailler ensemble.

Pourquoi se battre lorsqu'on peut être alliés ?

4

L'ALTERNANCE

Le plus court chemin n'est pas la droite.

Selon le principe de l'autorégulation (chapitre 2), deux pistes majeures s'offrent à l'acteur qui veut devenir efficace : l'analyse de ses stratégies, qui permet la boucle d'autorégulation de niveau I, et l'analyse de ses intentions, qui permet la boucle d'autorégulation de niveau II. Le chapitre précédent (chapitre 3) a présenté un cadre d'analyse qui peut aider à la critique des intentions, selon qu'on vise une structure de pression, une structure de service ou une structure de coopération. Ce chapitre-ci traite surtout des stratégies : il présente un modèle descriptif de la communication qui distingue quatre grandes fonctions, et chacune d'entre elles commande une stratégie particulière : une fonction de réception, une fonction de facilitation, une fonction d'entretien et une fonction d'information. Tous les comportements d'un acteur, dans un dialogue, sont considérés comme des façons d'exercer ces différentes fonctions. Chaque fonction correspond également à un canal de communication, de sorte que dans chacune de ses reparties, l'acteur qui communique avec un interlocuteur utilise implicitement l'un ou l'autre de ces canaux.

Pour introduire la présentation et l'analyse de ces fonctions, le schéma de la figure 4.1 intitulée « Le système de communication » illustre comment l'information circule entre l'acteur et son interlocuteur. Le cercle de gauche représente l'acteur, et le cercle de droite représente l'interlocuteur. Chez celui-ci on distingue deux modes de fonctionnement psychologique : le mode rationnel et le mode affectif. Le mode rationnel comprend tous les processus cognitifs ; c'est le domaine de la pensée, du raisonnement, de la délibération avec soi-même, de l'analyse, du raisonnable, etc. Le mode affectif comprend tous les processus socio-émotifs ; c'est le domaine des émotions, du ressenti, des sentiments, de l'irrationnel, des affects, etc.

Figure 4.1

Le système de communication

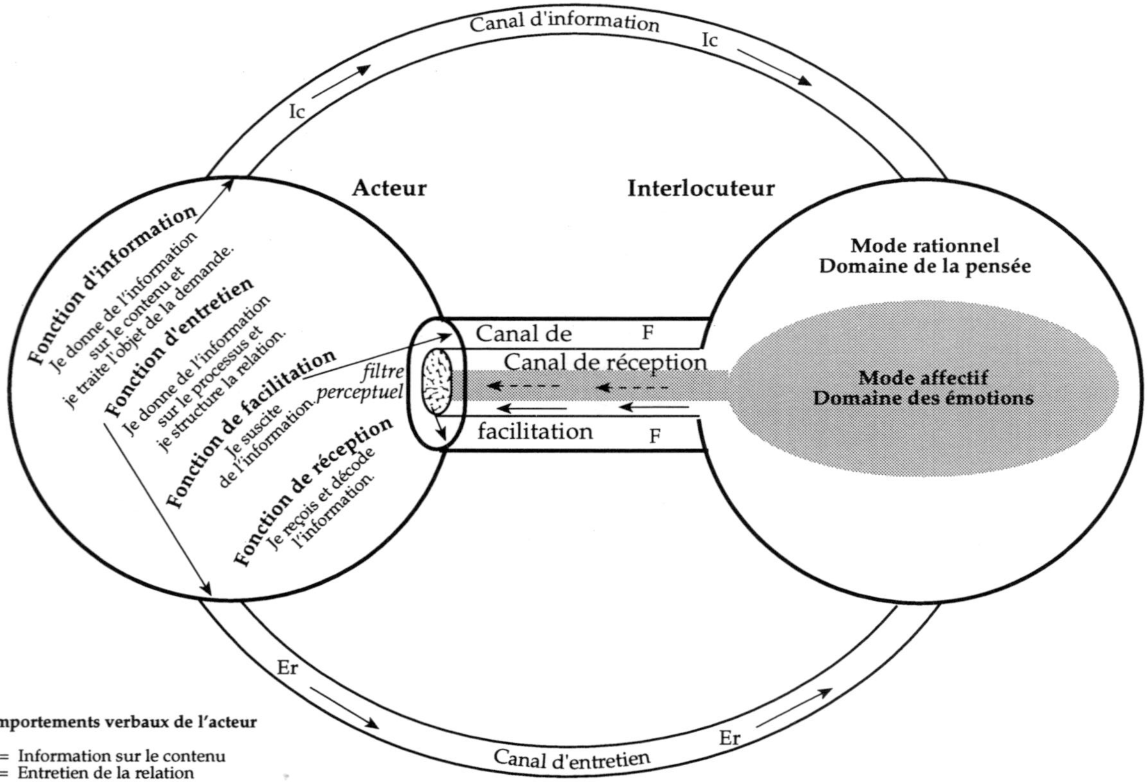

Interlocuteur

Mode rationnel
Domaine de la pensée

Mode affectif
Domaine des émotions

Canal d'information   Ic

Ic

Acteur

Canal de
Canal de réception
F

F

facilitation

filtre
perceptuel

Fonction de réception
je reçois et décode
l'information.

Fonction de facilitation
je suscite le processus et
je structure la relation
de l'information.

Fonction d'entretien
je traite l'objet de la demande.

Fonction d'information
je donne le contenu et
sur le contenu et
je donne de l'information.

Er

Er

Canal d'entretien

Comportements verbaux de l'acteur

IC = Information sur le contenu
Er = Entretien de la relation
F = Facilitation

Dans le cercle qui représente l'acteur, les fonctions de communication sont indiquées ; la fonction de réception se manifeste par un comportement non verbal qui permet de recevoir l'information provenant de l'interlocuteur. La fonction de facilitation se manifeste par un comportement actif qui a pour effet de susciter l'information. La fonction d'entretien est exercée lorsque l'acteur donne de l'information sur le processus même de la relation entre lui et son interlocuteur et lorsqu'il structure la relation. Enfin, la fonction d'information consiste à donner de l'information sur le contenu et à traiter l'objet de la rencontre.

Tous les éléments de la communication se retrouvent à l'intérieur des quatre canaux de communication. Tout se passe comme si l'acteur avait à sa disposition un poste émetteur et récepteur qui comprend quatre fréquences : deux fréquences pour recevoir de l'information et deux fréquences pour en émettre. Le canal de réception est ouvert lorsque l'acteur se met en état d'écoute et se concentre sur ce que lui transmet son interlocuteur. Les flèches qui vont de l'interlocuteur à l'acteur passent toutes par ce canal : les flèches en traits hachurés, dans les formes tramées, indiquent une information sur le mode affectif de l'interlocuteur, alors que les flèches en traits pleins, dans les formes sans trame, indiquent une information sur son mode rationnel.

L'élément en forme d'ellipse qui termine le canal de réception, du côté de l'acteur, souligne que dans la communication entre deux personnes, la réception n'est jamais totalement objective : on ne peut entendre ou voir quelque chose sans que ce soit à travers sa propre expérience, c'est-à-dire ses pensées, ses préjugés, ses émotions, ses désirs, ses préoccupations, etc. Tous ces éléments constituent un filtre perceptuel qui a pour effet de sélectionner, d'organiser et, parfois, de déformer les éléments d'information qui viennent de l'interlocuteur.

Un canal de facilitation est utilisé pour augmenter la quantité ou la qualité de l'information souhaitée par l'acteur. Contrairement au canal de réception qui est ouvert lorsque l'acteur se tait, le canal de facilitation est ouvert lorsque l'acteur dit quelque chose qui a pour effet de susciter plus d'information de la part de l'interlocuteur, un message qui signifie « j'entends ce que vous dites » ou « je veux vous entendre davantage ». On verra plus loin que l'on peut exercer plusieurs types de facilitation.

Les deux autres canaux sont utilisés par l'acteur lorsque l'information va de l'acteur à l'interlocuteur. Un canal d'entretien est réservé à toutes les informations que l'acteur donne en ce qui a trait à la relation elle-même, lorsqu'il exerce une fonction d'entretien (Er). Un canal d'information est utilisé lorsque l'acteur traite de l'objet même de la rencontre, donnant de l'information sur le contenu (Ic). Les flèches qui suivent les lettres Er et Ic, dans chacun de ces canaux, soulignent que l'information va de l'acteur à l'interlocuteur.

LA STRATÉGIE DE RÉCEPTION

Tous les modèles de communication font référence de façon implicite ou explicite à une fonction d'écoute ou de réception. C'est une fonction qui s'exerce naturellement lorsqu'on interagit avec un interlocuteur, bien qu'on puisse écouter avec plus ou moins d'attention. Selon que l'interlocuteur est confiant ou méfiant, il peut introduire dans le dialogue une information plus ou moins complète et plus ou moins valide. En exerçant une fonction de réception adéquate, l'acteur contribue à créer un climat de confiance. Il encourage son interlocuteur à introduire l'information nécessaire à l'atteinte des buts poursuivis. Les moyens utilisés pour exercer cette fonction constituent la stratégie de réception. L'acteur qui désire réfléchir sur sa stratégie de réception peut s'interroger sur sa façon de recevoir et de décoder l'information qui vient de son interlocuteur, mais auparavant, il aura profit à prendre connaissance de certaines données que nous révèle la psychologie de la perception.

La perception

La perception est un processus qui consiste à extraire de l'information de son propre organisme par le moyen des sens internes, et de l'environnement par le moyen des sens externes. Il s'agit là d'un processus sélectif. Dans un traité sur la perception, Delorme (1982) présente les principales théories. Certaines d'entre elles soulignent davantage le rôle actif de tout l'organisme dans la prise d'information. Les deux citations qui suivent sont explicites à cet égard.

> Pour Piaget, l'illusion n'est pas une exception, elle est la règle. Aussi s'est-il longuement attardé à montrer le caractère essentiellement « déformant » de la perception qu'il a opposé au caractère « conservant » de l'intelligence. (p. 35)

> Bien qu'élaborée par A. Ames, la théorie transactionnaliste a été surtout présentée par Ittelson (1960)... […] le percevoir est une partie du processus vital par lequel chacun d'entre nous, partant de son point de vue propre, crée pour lui-même le monde dans lequel il éprouve ses expériences de vie et à travers lequel il recherche ses satisfactions. (p. 38-39)

> Delorme fait également état d'une théorie classique de Allport

[qui] se résume en six hypothèses spécifiques, chacune ayant donné lieu à un nombre important de recherches... :

- Les besoins corporels tendent à déterminer ce qui est perçu.

- La récompense et la punition associées à la perception d'objets tendent à déterminer ce qui est perçu.

- Les valeurs caractéristiques d'un individu tendent à déterminer la vitesse de reconnaissance de mots associés à ces valeurs.

- La valeur que prend un objet pour un individu tend à déterminer sa grandeur apparente.

- La personnalité d'un individu le prédispose à percevoir les choses d'une manière conforme à ses caractéristiques personnelles.

- Les stimuli verbaux troublants ou menaçants émotivement tendent à requérir un temps de reconnaissance plus long que n'en requièrent des mots neutres. Leur forme et leur signification tendent à être perceptivement altérées. Ces mots provoquent des réactions émotionnelles avant même d'être perçus. (p. 44-45)

Dans le domaine de la communication, Rogers et Stevens (1967, p. 232) illustrent la complexité du processus de réception en proposant un exercice de groupe où chacun des interlocuteurs doit s'imposer la règle suivante : avant de donner son opinion sur le sujet discuté, il doit d'abord reformuler à la satisfaction de l'émetteur ce que celui-ci vient de dire. Si le message est bien reçu, la discussion se poursuit ; dans le cas contraire, l'émetteur répète son message jusqu'à ce qu'il reçoive la preuve qu'il a été compris adéquatement. Ceux qui se livrent à cet exercice expriment ordinairement leur étonnement face à la difficulté de reformuler adéquatement l'information qu'ils reçoivent. Ils découvrent, de façon concrète, la réalité des filtres perceptuels.

L'objectivité n'est jamais assurée. Le praticien qui tiendrait pour acquis la fidélité de la transmission de l'information et qui miserait uniquement sur la clarté formelle du langage pour transmettre son information s'exposerait à une alimentation très pauvre des systèmes auxquels il destine cette information. Lewin (1959) a basé toute la dynamique des groupes — secteur important de la psychologie sociale — sur ce principe : le traitement de l'information est d'autant plus adéquat qu'il est interactionnel.

Quels que soient les débats des spécialistes sur les explications théoriques, il est évident qu'une stratégie adéquate de réception doit prendre en considération les filtres perceptuels qui affectent la réception de l'information dans ses rapports avec un interlocuteur. Le schéma de la figure 4.2 intitulée « La perception d'autrui » peut aider à faire la distinction entre la réalité de cet interlocuteur et la perception que l'on s'en fait. Les deux cercles représentent deux personnes. En A se trouve figurée celle qui perçoit et en B, l'interlocuteur tel qu'il existe en réalité. Le B′ (lire B prime) qui apparaît dans le cercle A désigne la personne de B telle que A se la représente. Il est prudent de se rappeler que l'on ne connaît jamais bien une autre personne. Une perception dite « objective » est celle qui s'appuie sur des faits observables, la portion du cercle B qui entre dans le cône allant de A vers B, mais outre le fait que les observations se font à travers un filtre perceptuel, les observations elles-mêmes ne seront jamais qu'un faible échantillon des comportements de B. Pour le dire de façon imagée, l'autre n'est jamais en position de pleine lune par rapport à celui qui l'observe ; et même s'il était dans une telle position, il y aurait toujours une face cachée. La seule façon de développer une certaine objectivité consiste donc à valider, dans l'interaction, les perceptions que l'on a d'une personne.

Figure 4.2
La perception d'autrui

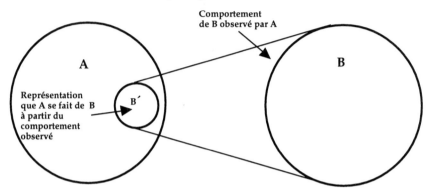

Dans ses recherches pour améliorer la qualité des rapports humains, Argyris *et al.* (1985, p. 171-172) proposent d'utiliser une échelle d'inférence. Le premier échelon concerne les faits. Ce qui relève des interprétations est ensuite classé sur plusieurs échelons ; on change d'échelon à mesure qu'on s'éloigne des faits : signification culturellement acceptée au deuxième échelon, signification personnelle des interlocuteurs au troisième échelon, significations professionnelles ou théoriques par la suite, etc. Pour favoriser l'actualisation des interlocuteurs, toute divergence est d'abord soumise à une validation, chacun des interlocuteurs étant invité à reconnaître les faits. En cas de divergence, il est recommandé de ne pas dépasser le premier échelon avant de s'entendre sur les faits qui alimentent les interprétations. Les faits reconnus étant les seuls éléments incontestés, on peut toujours y revenir si plus tard on est pris de vertige, pour avoir escaladé trop rapidement l'échelle d'inférence.

Le décodage empathique

Lorsque l'acteur reçoit l'information, il est apparemment passif sur le plan du comportement ; mais il peut améliorer la qualité de sa réception en étant actif mentalement et en utilisant une méthode de décodage empathique. L'empathie est une attitude qui consiste à entendre et à voir ce qu'un interlocuteur transmet, et ce en se plaçant à son propre point de vue, en adoptant son cadre de référence particulier.

Le terme « décodage empathique » désigne une activité mentale qui exige une certaine discipline. On peut définir ainsi cette activité mentale : c'est l'activité qui consiste à reconstituer, à partir du comportement verbal et non verbal de l'interlocuteur, ce que celui-ci perçoit, ressent, pense et veut. On sait que, malgré une capacité de traitement d'information impressionnante, le cerveau humain ne peut traiter consciemment qu'un très petit nombre de données à chaque instant[1]. Pour procéder au décodage empathique, l'acteur doit donc se concentrer totalement sur cette opération, sans se laisser distraire par ses propres réactions. Tout au cours du dialogue avec un interlocuteur, on peut améliorer la qualité de sa réception en se ménageant des pauses empathiques : périodiquement, on prend quelques secondes pour faire le point sur l'information dont on dispose.

La méthode proposée ici est le résultat de nombreuses recherches faites dans le contexte de la psychologie des relations humaines[2] ; elle peut aider l'acteur à se concentrer sur l'information qu'il reçoit et à augmenter sa compétence de récepteur. La méthode consiste à distinguer chez son interlocuteur quatre types d'information : sa perception des faits, ses idées, ses ressentis et ses intentions. Pour faire image, on peut parler d'une écoute en quadriphonie, en comparant le récepteur empathique au mélomane qui se concentre alternativement sur les quatre haut-parleurs d'un système de son qui reproduit une pièce musicale en quadriphonie.

L'importance que l'on accorde, dans le système interpersonnel, à chacun de ces types d'information varie selon les situations ; mais l'acteur qui s'entraîne au décodage empathique enregistre une information plus complète et plus valide que celle qu'il obtiendrait en écoutant distraitement.

Dans le schéma qui représente le système de communication, une distinction est faite entre le mode rationnel et le mode affectif. On peut détailler davantage l'expérience d'une personne. L'organisme humain fonctionne au moyen de quatre processus psychologiques : avant de traiter l'information selon un mode rationnel ou affectif, il y a une prise d'information (ou perception) : l'acteur reçoit l'information qu'il traite à travers ses sens. De plus, le traitement rationnel et le traitement affectif de cette information préparent une action par le moyen des intentions : c'est le domaine de la motivation. Les termes techniques utilisés pour désigner les produits, dans le champ de conscience, de ces quatre processus psychologiques sont les suivants : les perceptions des faits (pour simplifier, on parle simplement des faits), les ressentis, les idées et les intentions. Lorsqu'il procède au décodage empathique, l'acteur peut diriger son attention, tour à tour, sur les quatre types d'information suivants :

---

1. Voir St-Arnaud, Y. (1979), *Psychologie, modèle systémique*, Montréal : Les Presses de l'Université de Montréal.
    2. Voir St-Arnaud, Y. (1982), *La personne qui s'actualise*, Chicoutimi : Gaëtan Morin Éditeur, chap. 2 et St-Arnaud, Y. (1983), *Devenir autonome*, Montréal : Le Jour, Éditeur, chap. 2.

—   les perceptions des faits, informations qui résultent de l'activité des sens internes et externes : ce que l'interlocuteur a vu, entendu, touché, posé comme geste, éprouvé dans son corps, etc. ;

—   le mode affectif de l'interlocuteur, ses « ressentis » (émotions, sentiments, appréhensions, etc.), résultats d'un traitement affectif de l'information en provenance de son propre organisme ou de l'environnement ;

—   le mode rationnel de l'interlocuteur, ses « idées » (pensées, interprétations, jugements, évaluations, opinions, etc.), résultats du traitement cognitif de l'information en provenance de son propre organisme ou de l'environnement ;

—   les intentions, informations qui résultent des processus psychologiques par le biais desquels l'interlocuteur se prépare à l'action, ce qu'on appelle la motivation ; cela inclut les projets, les motivations rationnelles (motifs, résolutions, planifications, etc.) et les désirs, les motivations de type affectif (appétits, besoins, goûts, etc.).

Lorsqu'il utilise consciemment une stratégie de réception, l'acteur peut adopter un comportement non verbal qui incite son interlocuteur à parler. Pendant ce temps, il procède, en silence, au décodage empathique de l'information reçue. Il peut ensuite vérifier ce qu'il a lui-même perçu en utilisant le canal de facilitation.

Une liste de questions, présentée dans l'encadré intitulé « Le décodage empathique », peut aider un acteur à augmenter la qualité de sa réception, et ce pendant qu'il se donne des pauses empathiques. Les lettres qui apparaissent après chaque question peuvent servir à identifier dans un dialogue écrit les éléments d'information correspondant à chacune de ces catégories.

Le décodage empathique

Questions à se poser pendant que l'interlocuteur parle :

1)   Quels sont les faits qu'il me communique (f) ?

2)   Qu'est-ce qu'il vit en mode rationnel (r) ?

3)   Qu'est-ce qu'il vit en mode affectif (a) ?

4)   Quelle est son intention (i) ?

Pour faciliter la maîtrise de cette liste de questions et développer l'habileté à reconnaître dans un dialogue écrit l'utilisation des quatre canaux de communication, l'encadré intitulé « Analyse des stratégies » présente un canevas qui permet de coder chaque intervention d'un dialogue écrit. Le cas Claude sera utilisé pour illustrer les éléments du système de communication présenté plus haut. La première colonne représente le canal de réception. On l'utilise pour classer les comportements de l'inter-locuteur, ceux précédés d'un trait (-) en procédant à un décodage empa-thique. Les lettres qui apparaissent dans cette colonne correspondent aux codes suivant les questions présentées dans « Le décodage empathique ». Les trois autres colonnes seront utilisées pour déterminer le canal de communication utilisé dans chacune des reparties de l'acteur, celles qui sont numérotées. Aucun code n'apparaît, dans la colonne titrée R, vis-à-vis des interventions de l'acteur. La raison est que l'acteur ne dit rien lorsqu'il utilise le canal de réception ; dans la reproduction écrite, on supprime ordinairement les « silences ». Si parfois un acteur décrivait un tel comportement non verbal dans la rédaction de son dialogue, en écrivant par exemple : « X. [silence prolongé] », on pourrait indiquer qu'il utilise délibérément le canal de réception en écrivant R dans la colonne intitulée « Réception ». Quelques exemples de chacune des stra-tégies utilisées par Claude dans ce dialogue seront donnés à titre d'illus-tration vis-à-vis des quatre premières interventions numérotées. Le lecteur est invité à poursuivre la lecture du chapitre, à continuer ensuite la classification en écrivant les codes F, Er et Ic dans les colonnes appro-priées, puis à vérifier sa compréhension des catégories à l'aide du corrigé présenté à l'annexe 2. Il convient de le noter : dans différentes parties d'une même intervention numérotée, l'acteur peut varier les canaux de communication utilisés. Les astérisques qui précèdent certaines des lettres dans les colonnes de droite signifient que la règle de l'alternance, expliquée plus loin dans le chapitre, a été appliquée à ces endroits du dialogue. On met un astérisque à chaque fois que l'acteur entre ou sort du canal de facilitation.

Analyse des stratégies	Information :			
	Entretien :			
Le cas Claude	Facilitation :			
	Réception :			

Dominique, la mère d'un adolescent qui termine son secondaire, rencontre Claude, le conseiller en orientation de l'école de son fils, au sujet d'une décision qu'elle doit prendre pour la suite des études de celui-ci.

Le dialogue :	R	F	Er	Ic
– J'ai une décision à prendre au sujet de l'éducation de mon fils. L'an prochain, il va commencer ses études secondaires et nous avons discuté de deux possibilités : soit qu'il s'inscrive dans une institution privée comme pensionnaire, soit qu'il s'inscrive dans une polyvalente du système public. Lui, il est indifférent et de mon côté, je vois des avantages aux deux formules. Je lui ai dit que je consulterais pour avoir un point de vue professionnel. Voilà ce qui m'amène à vous rencontrer. J'aimerais avoir votre opinion.	i f r f i			
1. Vous dites que vous en avez parlé avec votre fils ; qu'est-ce qui vous empêche d'arriver à une décision tous les deux ?		*F	*	
– Bien, on dit toutes sortes de choses sur la qualité de l'enseignement dans les polyvalentes : il y a tellement de monde que c'est devenu des boîtes à cours ; il n'y a pas vraiment de relations entre les professeurs et les étudiants ; c'est un lieu qui favorise la drogue et la violence. Par ailleurs, mon fils aimerait aller dans une institution privée, mais cela est impossible sans qu'il soit pensionnaire ; et il n'est pas certain qu'il aimerait cela. Moi aussi je suis inquiète, je crains qu'il soit considéré par ses amis comme un snob et un fils à papa.	f r a			
2. [Après plusieurs questions pour comprendre la nature de la situation.] Je comprends, à la suite de ce que vous me dites, que la décision n'est pas facile à prendre ; mais c'est quand même à vous de la prendre.		F	*Er	

– Bien sûr ; je ne vous demande pas de décider à ma place, mais j'aimerais quand même avoir votre opinion professionnelle sur le type d'institution qui sera le meilleur pour mon fils.   i

3. Je peux réagir à certaines des informations que vous avez apportées et répondre à des questions précises que vous aimeriez me poser, mais à mon avis les deux types d'institution ont leurs avantages et leurs inconvénients et c'est vous, avec votre fils, qui devrez prendre la décision, en dernière analyse.   **Er**   **Ic**   **Er**

– Je suis d'accord avec ça.   i

4. Bon écoutez, le point que vous avez souligné concernant le caractère anonyme du système public est certainement un des inconvénients des polyvalentes. Mais pour ce qui est de la violence et de la drogue, je considère qu'il y a beaucoup d'exagération dans tout ce qu'on dit. Cela est ordinairement limité à certaines écoles bien particulières. On a tort de généraliser et de créer une psychose collective à ce sujet. D'autant plus que vous semblez avoir une bonne relation avec votre fils, et on sait que ce sont surtout les enfants qui sont en conflit avec leur milieu familial qui s'adonnent à la drogue.   **Ic**

– On dit aussi que les professeurs du système public sont mécontents de leurs conditions de travail, qu'ils sont blasés et n'ont plus la vocation.   f

5. Vous savez, dans tous les métiers il y a des gens mécontents ; je ne crois pas que ce soit pire dans les écoles du système public. Je ne crois pas que vous devriez retenir cet argument comme un argument valable.

– Je me suis laissé dire que même les fonctionnaires du ministère de l'Éducation envoient leurs fils dans des écoles privées parce qu'ils ne croient pas à la qualité de l'enseignement dans le système public.   f

6. À mon avis, cela ne veut pas dire grand-chose.

– Est-ce que je peux comprendre que vous êtes plutôt favorable au système public ?   r

7. Pas nécessairement, j'essaie seulement de vous donner une perception plus réaliste de ce qui se passe dans le système public et de dissiper les images erronées qui circulent dans le public.

   – Si vous étiez à ma place, qu'est-ce que vous décideriez ?   i

8. [En riant] Si j'étais à votre place, j'aurais moi aussi une décision difficile à prendre. Mais je ne suis pas à votre place.

   – Vous ne voulez pas répondre à cette question-   r
là... Dites-moi alors ce que vous pensez de l'institution privée.   i

9. Je n'ai pas d'idée particulière. Y a-t-il des points précis sur lesquels vous aimeriez avoir de l'information ?

   – Bien, comme je vous l'ai dit, si mon fils s'inscrit   f
dans une institution privée, il devra être pensionnaire. Je me demande si le fait de quitter la   r
maison peut lui être dommageable.

10. C'est difficile à dire. Il est certain qu'il n'y a rien de mieux qu'un bon milieu familial pour favoriser la croissance d'un adolescent ; mais il arrive parfois que le fait de s'éloigner de son milieu familial favorise une plus grande autonomie ; surtout quand les parents exercent un contrôle excessif sur leurs enfants. Je ne vous connais pas mais, à première vue, vous ne m'apparaissez pas comme une personne particulièrement contrôlante.

   – Non, pas du tout. Mon fils a beaucoup de liberté.   r

11. Est-ce que votre fils aime l'étude ?

   – Oui, beaucoup. Il aime presque toutes les ma-   r
tières et il lit beaucoup ; ce n'est vraiment pas un problème pour lui. Pourquoi me demandez-   i
vous cela ?

12. Bien, je pense à une des craintes que vous aviez au sujet du manque de relations personnelles entre les élèves et les professeurs dans le système public. Si votre fils étudie par lui-même et s'il aime l'étude, il devrait être moins affecté que s'il fallait toujours lui pousser dans le dos.

   – Avec tout ce que vous me dites, j'ai vraiment   r
l'impression que si vous étiez à ma place, vous inscririez votre fils dans le système public. Est-ce   i
que je me trompe ?

13. La question n'est pas de savoir ce que moi je ferais. Je vous ai dit que je ne veux pas vous influencer et je pense que vous avez tout ce qu'il faut pour prendre une bonne décision. Est-ce qu'il y a d'autres points que vous aimeriez discuter ?				
– Non, je vais réfléchir à ce que vous m'avez dit et en discuter avec mon fils ; puis nous prendrons une décision. Peut-être que j'aurais avantage à consulter aussi quelqu'un qui travaille dans une institution privée.	i r			
14. Si vous voulez. Cela ne peut pas faire de tort.				
– Je vous remercie.	a			
Nombre d'interventions codées = Nombre d'entrées ou de sorties du canal F (*) = Pourcentage d'alternance : / = %				

LA STRATÉGIE DE FACILITATION

La facilitation est un prolongement actif de la stratégie de réception ; même si l'objectif de l'acteur est de recevoir de l'information, il intervient verbalement pour amener l'interlocuteur à introduire de nouvelles informations dans le système. Il y a deux occasions où cette stratégie est utilisée : lorsque l'acteur veut vérifier le décodage empathique qu'il a fait pendant que l'interlocuteur parlait et lorsque l'acteur veut susciter la participation de l'interlocuteur.

La première utilisation correspond à ce qu'on appelle « l'écoute active ». L'acteur qui a procédé à un décodage empathique intervient pour s'assurer qu'il a bien saisi le point de vue de son interlocuteur, par exemple « j'aimerais vérifier si je saisis bien ce que vous me dites ... » ou « si je comprends bien ... » Dans le cas de Claude et Dominique cité plus haut, on trouve un exemple de ce type de facilitation dans la première partie de l'intervention n° 2 : « Je comprends, à la suite de ce que vous me dites, que la décision n'est pas facile à prendre. »

Dans la seconde utilisation, l'acteur intervient pour solliciter de nouvelles informations ou pour demander à son interlocuteur de réagir aux informations qu'il a lui-même introduites dans le système, par exemple « comment réagissez-vous à cette idée ? » ou « je vous ai dit comment je vois les choses, mais j'aimerais savoir ce que vous pensez de tout cela... » La première intervention du dialogue de Claude illustre ce type de facilitation : « Vous dites que vous en avez parlé avec votre fils ; qu'est-ce qui vous empêche d'arriver à une décision tous les deux ? »

Dans tous les cas où l'acteur utilise une stratégie de facilitation, il active un ou plusieurs des quatre processus déjà décrits dans le contexte du décodage empathique. La liste qui suit décrit cinq façons d'utiliser une stratégie de facilitation selon qu'elle active l'ensemble des quatre processus ou un seul des processus. Les comportements de facilitation sont numérotés de F1 à F5. Ils constituent une version plus spécialisée des comportements F déjà mentionnés dans le schéma intitulé « Le système de communication ».

F1 :   L'acteur demande une **verbalisation générale**, sans préciser le type d'information souhaitée.

Exemples :

— Qu'est-ce que vous voulez dire ?

— Pouvez-vous m'en dire davantage ?

— Dites ce qui vient spontanément.

— Je vous écoute.

F2 :   L'acteur sollicite des **faits**, soit en reflétant ce qu'il a compris, soit en questionnant l'interlocuteur sur ce que celui-ci a pu observer.

Exemples :

— Qu'est-ce qui s'est passé concrètement ?

— Avez-vous un exemple ?

— Quels sont les faits, exactement ?

— Si je comprends bien, il vous a dit...

F3 :   L'acteur sollicite des **ressentis**, soit en reflétant ce qu'il a compris, soit en questionnant l'interlocuteur sur ses émotions, ses sentiments, ou sur le sens émotionnel de ce qu'il a dit précédemment lorsqu'il communiquait sur un mode rationnel. Il invite ainsi son interlocuteur à fonctionner sur un mode affectif .

Exemples :

— Qu'est-ce que vous craignez ?

— Je comprends que vous soyez exaspéré.

— Qu'est-ce que vous ressentez au sujet de... ?

— Cela n'a pas dû être agréable.

F4 :   L'acteur sollicite des **idées**, soit en reflétant ce qu'il a compris, soit en questionnant l'interlocuteur sur ce qu'il pense, juge, évalue, anticipe, etc. Il l'invite ainsi, implicitement, à fonctionner sur un mode rationnel.

Exemples :

— Qu'est-ce que vous pensez de cela ?

— Comment expliquez-vous cela ?

— Si je comprends bien votre idée...

— Qu'est-ce que vous prévoyez comme conséquence ?

F5 :   L'acteur sollicite des **intentions**, soit en reflétant ce qu'il a compris, soit en questionnant l'interlocuteur sur ce qu'il veut, ses goûts, ses décisions, ses besoins, ses projets, etc.

Exemples :

— Qu'est-ce que vous attendez de moi ?
— Qu'avez-vous l'intention de faire ?
— Si je comprends bien votre projet, vous voulez...
— Quels sont vos besoins ?

Le camouflage

L'analyse de plusieurs dialogues révèle que, souvent, on utilise une forme interrogative pour transmettre un message sans qu'il s'agisse pour autant de facilitation. Par exemple, si je dis à un interlocuteur : « Es-tu libre pour le dîner ? », il comprendra que je désire prendre le repas en sa compagnie. Ce style d'intervention a été désigné comme une technique de camouflage parce que le message le plus important est l'information que je transmets à mon interlocuteur alors que la forme interrogative atténue ou camoufle ce message. C'est pourquoi on ne considère pas ce type de comportement comme de la facilitation. On classe plutôt le message implicite en utilisant les catégories qui seront présentées plus loin : entretien de la relation ou information sur le contenu. En fait, l'acteur qui utilise le camouflage transmet simultanément deux messages : il fait du « deux dans un ». Dans l'exemple de l'ami que j'invite implicitement à dîner, les messages décomposés seraient les suivants : 1) « J'aimerais bien dîner avec toi. » 2) « Es-tu libre ? » L'interlocuteur qui aura très bien compris le message ne répondra certainement pas « oui je suis libre » s'il ne désire pas accepter l'invitation de l'acteur ; à moins qu'il décide de répondre séparément aux deux messages ; par exemple : « Oui je suis libre mais je ne désire pas prendre le repas avec toi pour telle ou telle raison... »

Lorsqu'on classifie les interventions d'un dialogue écrit, on peut coder le camouflage en mettant un F entre parenthèses suivi d'un des codes qui seront décrits plus loin : (F) = Er ou (F) = Ic. Le signe d'égalité (=) signifie que malgré une apparence de facilitation, le message principal est celui qui suit.

Dans la vie courante, cette forme de communication est sans conséquence négative, elle permet de gagner du temps ; c'est souvent une façon de communiquer à son interlocuteur qu'on ne veut pas s'imposer. Dans le contexte d'une interaction professionnelle, il arrive souvent qu'un interlocuteur vulnérable se sente « manipulé » ou « dirigé » par une technique de camouflage. Par exemple, dans l'analyse d'une relation d'aide, un acteur se voulait « non directif » face à un client qui parlait d'un problème avec sa fille adolescente. Il avait utilisé le camouflage suivant : « As-tu dit à ta fille ce que tu ressentais lorsqu'elle fait cela ? »

Lors d'un retour sur cette interaction, l'acteur était persuadé qu'il avait utilisé le canal de facilitation et niait avoir **suggéré** à son client de communiquer ses sentiments à sa fille. Le client qui était présent dévoila alors l'effet qu'avait eu sur lui une telle intervention : « C'est curieux, je me suis senti idiot à ce moment-là, en me disant qu'effectivement j'aurais dû penser à cela moi-même ; je m'en voulais d'avoir eu besoin qu'on me suggère cette piste que je propose moi-même à mes amis dans des situations semblables. »

Dans une démarche de praxéologie qui vise à rendre l'action plus consciente, plus autonome et plus efficace, il y a avantage à distinguer le camouflage de la véritable facilitation. Il est possible qu'un acteur utilise consciemment le camouflage qui est une stratégie commode ; mais s'il est conscient du double message qu'il transmet, il sera plus disposé à modifier sa stratégie en cas de difficulté (principe de l'autorégulation). Dans certaines déformations de l'approche dite « centrée sur le client » développée par Carl Rogers (1968), on voit souvent des praticiens devenir des spécialistes du camouflage, au point de nier l'influence qu'ils exercent sur leurs interlocuteurs. C'est un autre exemple de la loi d'Argyris et Schön : selon leur théorie professée, ils s'abstiennent de faire des suggestions ; selon leur théorie pratiquée, ils transmettent leurs suggestions en cachette.

LA STRATÉGIE D'ENTRETIEN

L'expérience démontre que dans les situations difficiles, lorsque les partenaires d'une relation se préoccupent exclusivement du contenu de la situation traitée et qu'ils ne portent aucune attention à leur façon de procéder ou de communiquer, des obstacles ne tardent pas à surgir. On pourrait observer, par exemple, que la discussion ne progresse pas ou que la tension monte entre les partenaires ou encore qu'on poursuit plusieurs objectifs en même temps. Si ces obstacles ne sont pas traités, ils s'accumulent et risquent de paralyser le fonctionnement du système. Une règle spécifique, dite de la concertation, sera proposée dans le prochain chapitre pour aider le praticien à utiliser de façon systématique le canal d'entretien. Quelques exemples nous permettront de présenter les comportements d'un acteur qui utilise ce canal de communication.

L'acteur peut prévenir ou traiter les obstacles qui surgissent inévitablement dans toute relation en donnant, selon les besoins, de l'information sur le processus même de l'interaction, sur ce qui se passe présentement entre lui et son interlocuteur. Son attention est alors dirigée non plus sur le vécu de son interlocuteur comme dans les stratégies précédentes, ni sur l'objet de l'interaction, mais sur la relation elle-même. Il peut utiliser ce genre de stratégie en proposant un objectif, en suggérant une démarche pour résoudre le problème, en proposant un ordre du jour d'une réunion, en commentant ce qu'il observe en ce qui a trait au processus d'interaction, en suggérant de faire le point sur la discussion, en donnant du *feed-back* à son interlocuteur, etc. L'information sur le processus, lorsqu'elle est faite de façon adéquate, peut contribuer à augmenter l'efficacité d'une interaction.

Dans le dialogue de Claude cité plus haut, l'intervention n° 3 comprend deux exemples d'entretien. Dans la première partie, il renseigne Dominique sur sa façon de voir leur relation : « Je peux réagir à certaines des informations que vous avez apportées et répondre à des questions précises que vous aimeriez me poser. » À la fin de l'intervention, il précise qu'il ne veut pas orienter la décision de sa cliente : « C'est vous, avec votre fils, qui devrez prendre la décision, en dernière analyse. »

Voici quelques circonstances où on peut améliorer la communication en introduisant de l'information sur le processus et en utilisant le canal réservé pour l'entretien de la relation (Er). On remarquera que dans les exemples proposés, chaque intervention se termine par un passage à un comportement de facilitation. La règle de l'alternance propose, en effet, d'alterner entre donner de l'information et en recevoir pour établir et maintenir un partenariat.

1. Lorsque je passe d'une étape du processus à une autre :
   Exemple :
   Jusqu'à présent, nous avons... ; j'aimerais maintenant que ... (Er) ; êtes-vous prêt à passer à cette étape ? (F)

2. Lorsque je viens de poser plusieurs questions :
   Exemple :
   Le but que je poursuis en vous posant ces questions est de... (Er) ; voyez-vous autre chose à ajouter ? (F)

3. Lorsque je fais une recommandation difficile :
   Exemple :
   Je peux vous dire ce qui m'a amené à cette recommandation (Er). Est-ce que cela vous intéresse ? (F)

4. Lorsque le client résiste à mes idées :
   Exemple :
   Je constate que nous n'avons pas la même façon de voir les choses (Er) ; est-ce aussi votre avis ? (F)

5. Lorsque je crains une ambiguïté au sujet des rôles et des responsabilités respectives :
   Exemple :
   J'aimerais que nous précisions nos rôles respectifs dans ce que nous allons faire ensemble (Er). Est-ce que vous voyez comment nous pouvons nous partager les responsabilités ? (F)

Dans le schéma de la figure 4.1 qui représente le système de communication, les flèches qui sont dirigées vers l'interlocuteur, dans le canal d'entretien, désignent toutes les informations sur le processus transmises par l'acteur. Le lecteur trouvera dans le chapitre suivant plusieurs exemples de cette stratégie qui sert en particulier à gérer le processus même de l'interaction, gestion qui se fait surtout en utilisant le canal d'entretien.

LA STRATÉGIE D'INFORMATION

L'information sur le contenu porte sur l'objet même de la rencontre. L'acteur utilise le canal d'information (sur le contenu) lorsqu'il intervient pour donner son opinion, pour soumettre un argument ou réfuter un argument soumis par l'interlocuteur, pour fournir des faits, pour suggérer des solutions en rapport avec la situation initiale, etc. Il n'est pas nécessaire que le savoir transmis soit de nature professionnelle ou technique pour faire partie de cette catégorie. Une opinion très personnelle est de l'information sur le contenu ; par exemple : « Je me rappelle avoir vécu personnellement une telle situation... » Un simple commentaire de socialisation ou une remarque sans rapport avec l'objet formel de la rencontre sera aussi de l'information sur le contenu ; par exemple : « J'ai vu un film extraordinaire en fin de semaine... » En somme, peu importe le contenu, c'est le fait même d'émettre quelque chose qui relève de cette catégorie, pourvu que l'objet de la communication ne soit pas la relation actuelle.

Sur le plan professionnel, l'acteur qui désire améliorer la qualité de sa communication utilise un langage accessible à son interlocuteur lorsqu'il utilise le canal d'information. Il expose son point de vue progressivement en se rappelant, le cas échéant, que son interlocuteur n'est pas familier avec le contenu qui est traité et que le langage utilisé risque d'être obscur pour lui. En règle générale, un discours clair et précis, une approche directe et limpide produisent un meilleur résultat que des insinuations ou un discours ambigu qui se prêtent à de nombreuses interprétations. De plus, l'argument d'autorité favorise moins la coopération qu'une information qui contient des éléments que l'interlocuteur peut vérifier par lui-même ou auprès d'un autre expert.

Dans le dialogue de Claude, toute l'intervention n° 4 donne de l'information sur le contenu : « Bon, écoutez, le point que vous avez souligné concernant le caractère anonyme du système public est certainement un des inconvénients des polyvalentes. Mais pour ce qui est de la violence et de la drogue, je considère qu'il y a beaucoup d'exagération dans tout ce qu'on dit. Cela est ordinairement limité à certaines écoles bien particulières. On a tort de généraliser et de créer une psychose collective à ce sujet. D'autant plus que vous semblez avoir une bonne relation avec votre fils, et on sait que ce sont surtout les enfants qui sont en conflit avec leur milieu familial qui s'adonnent à la drogue. »

On pourrait pousser plus loin l'analyse des stratégies d'information, par exemple en les situant sur un continuum de directivité. On pourrait aussi distinguer deux façons de transmettre de l'information, l'une qui est normative et suggère que l'interlocuteur devrait penser ou agir dans le sens de l'acteur, l'autre qui est « renseignante[3] » et communique une information à l'interlocuteur qui jugera s'il doit tenir compte ou non de celle-ci. Dans l'exemple cité au paragraphe précédent, Claude renseigne Dominique sur l'état de la situation ; il n'hésite pas à formuler un jugement professionnel basé sur sa connaissance du milieu ; en aucune façon, il n'utilise son savoir pour orienter l'action de sa cliente. Il résiste même à donner l'information normative que l'interlocuteur sollicite : « Si vous étiez à ma place, qu'est-ce que vous décideriez ? » En effet, la plupart des praticiens dans le domaine psychosocial considèrent qu'un objectif implicite de leur travail est de favoriser l'actualisation et, par conséquent, l'autonomie de leurs interlocuteurs. Ainsi ils considèrent qu'une information renseignante est préférable à de l'information normative. Encore là, c'est moins le fait d'utiliser ou non une information normative qui favorise la coopération que le fait d'être conscient de l'effet produit (principe de l'autorégulation). Un praticien qui ne serait pas aussi cohérent que Claude l'est pourrait, par exemple, introduire subtilement une norme dans l'information qu'il transmet. Par exemple, s'il avait l'intention cachée d'orienter la décision de Dominique en faveur du système public, il pourrait s'abstenir de relever les « inconvénients des polyvalentes » ou faire des sous-entendus non vérifiables par son interlocuteur, par exemple : « Vous savez, on parle moins de tout ce qui se passe dans les institutions privées, mais vous ne devriez pas conclure que votre fils y trouvera un milieu plus sain. »

Dans le schéma de la figure 4.1 qui représente le système de communication, les flèches qui sont dirigées vers l'interlocuteur, dans le canal d'information, désignent toutes les informations sur le contenu (Ic) transmises par l'acteur.

L'alternance

La règle de l'alternance invite l'acteur à utiliser tous les canaux de communication à sa disposition, surtout lorsqu'il rencontre de la résistance ou de la dépendance de la part de son interlocuteur. L'expérience montre, en particulier, qu'une communication favorise davantage la coopération lorsque l'information que l'on donne — sur le contenu (Ic) ou sur la relation (Er) — est systématiquement suivie d'un comportement de facilitation. L'alternance se mesure donc, spécifiquement, par le nombre de fois où l'interlocuteur entre dans le canal de facilitation ou en sort. Il convient de le noter : une utilisation abusive du canal de facilitation n'est pas plus favorable à la coopération que l'utilisation abusive du canal d'information ; au contraire, ceux qui posent beaucoup de questions sont souvent amenés à faire du camouflage ; ils auraient avantage à

---

3. Pour plus de précisions sur ce concept, voir Pages (1965), St-Arnaud (1969).

sortir du canal de facilitation pour donner leur opinion, puis à y revenir aussitôt pour obtenir la réaction de l'interlocuteur.

La formule suivante permet d'évaluer le pourcentage d'alternance lorsque toutes les interventions d'un dialogue ont été codées en R, F, Er ou Ic. La première fois qu'une intervention est codée en F, on la fait précéder d'un astérisque (*F) pour indiquer que l'acteur vient d'entrer dans le canal de facilitation ; par la suite, dès qu'un autre code est utilisé (R, Er ou Ic), on inscrit également un astérisque pour souligner que l'acteur vient de sortir du canal de facilitation. Enfin, à chaque fois que l'acteur revient au canal de facilitation ou en sort, on inscrit un nouvel astérisque. Cependant, on ne répète pas les astérisques tant que l'acteur demeure dans le canal de facilitation. Cette méthode est illustrée dans la première partie du dialogue de Claude cité plus haut. Le lecteur est invité à poursuivre le codage pour le reste de ce dialogue de façon à vérifier sa compréhension des notions présentées dans ce chapitre. Le corrigé de l'exercice lui indiquera les codes pour chaque intervention de Claude ; quant aux astérisques, ils lui indiqueront les entrées et les sorties du canal de facilitation. Enfin, la formule qui suit sera appliquée pour calculer le pourcentage d'alternance de Claude. Pour appliquer cette formule, il suffit d'additionner les astérisques et de diviser cette somme par le nombre total d'interventions codées. On verra dans le corrigé que Claude a obtenu un pourcentage de 42 %. De façon générale, on considère qu'un pourcentage supérieur à 40 % favorise la coopération.

$$\frac{\textit{Nombre d'entrées ou de sorties dans le canal F (*)}}{\textit{Nombre d'interventions codées}} = \% \textit{ d'alternance}$$

CONCLUSION

Le domaine des stratégies est certainement le plus documenté dans les écrits sur les pratiques professionnelles. Le système utilisé ici laisse toute la place voulue pour détailler les types de comportements souhaités en fonction de sa discipline et en fonction d'un type particulier de pratique[4]. La réflexion de plusieurs praxéologues a conduit à l'énoncé d'une règle de l'alternance qui se formule comme suit. L'aphorisme qui

---

4. Par exemple, pour une présentation de stratégies qui facilitent l'actualisation d'une personne dans différentes situations de vie, voir Adams, L. (1993), *Communication efficace*, Montréal : Le Jour, Actualisation. Pour une présentation de stratégies appropriées à la relation d'aide, voir Brammer, L.M. (1985), *The Helping Relationship, Process and Skills, Third Edition*, Englewood Cliffs, N. J. : Prentice-Hall ; Egan, G. (1987), *Communication dans la relation d'aide*, Montréal : Les Éditions HRW ; traduction de *The Skilled Helper*, Third Edition, (1986), Belmont, Cal. : Brooks/Cole Publishing Co. ; Hétu, J.-L. (1990), *La relation d'aide, éléments de base et guide de perfectionnement*, Boucherville : Gaëtan Morin Éditeur.

apparaît dans le tableau rappelle la règle de l'autorégulation ; si l'acteur se retrouve en escalade, il peut augmenter son efficacité en sortant du canal où il rencontre de la résistance et en prenant n'importe lequel des autres chemins que lui propose le système de communication décrit dans le présent chapitre.

Règle de l'alternance

Changer souvent de canal de communication

J'utilise des canaux de communication spécifiques pour la réception, la facilitation, l'entretien et l'information ; j'alterne systématiquement entre la fonction de facilitation et les autres fonctions.

Le plus court chemin n'est pas la droite.

5

LA CONCERTATION

Rien ne sert de courir, il faut partir ensemble.

La concertation est une valeur que la plupart des acteurs professent mais dont bien peu mesurent l'attention qu'elle nécessite. La concertation exige qu'on s'occupe activement de gérer le processus de la communication. Cela exige une habileté à distinguer le processus du contenu ainsi qu'une utilisation fréquente du canal d'entretien décrit précédemment au chapitre 4.

Quand on introduit le concept de processus dans un modèle de communication, on considère que ce qui se passe en cours de route — ou durant les opérations — devient aussi important sinon plus que ce qui est atteint. Dans le domaine de l'éducation, un acteur qui établit une relation visant un apprentissage chez son interlocuteur reconnaît que la façon d'apprendre de celui-ci et ce qu'il vit durant le processus affectent directement la qualité des apprentissages. Dans le domaine de la consultation organisationnelle, certains auteurs comme Schein (1969) font du processus un objet spécifique de l'intervention : ils l'opposent à la structure de façon à distinguer les éléments statiques (comme les niveaux hiérarchiques et la division des tâches) des phénomènes dynamiques (comme ce qui se passe entre les personnes qui sont dans ces structures). Dans la même ligne, mais avec certaines nuances, Goodstein (1978) fera la distinction entre le processus et le contenu : par exemple, ce qui est dit dans une communication et ce qui se passe entre les personnes qui communiquent. Dans le domaine de la psychothérapie, Watzlawick et ses collaborateurs (1972 et 1974) ont introduit la notion de métacommunication pour souligner l'importance du processus même de l'interaction entre un acteur et son interlocuteur.

INTERMÈDE

Mais avant d'aborder la présentation de cette nouvelle règle, le lecteur qui veut vérifier sa compréhension des règles soumises dans les chapitres précédents est invité à procéder à l'analyse d'un dialogue en utilisant les concepts décrits dans les chapitres précédents. Les directives se trouvent dans l'encadré intitulé « Analyse du cas Bonaide » ; le dialogue est présenté dans l'encadré intitulé « Le cas Bonaide ». Un corrigé est proposé à l'annexe 2.

Analyse du cas Bonaide

Analyse de l'efficacité

Dans le dialogue intitulé « Le cas Bonaide », déterminez la cause ou les causes de l'inefficacité de l'acteur, selon les catégories décrites dans le chapitre 2, puis évaluez comment, selon vous, l'acteur utilise le principe de l'autorégulation.

Analyse de la structure

Identifiez la structure initiale (au point de départ) de la relation entre Bonaide et Marc, puis évaluez si le praticien tente d'appliquer la règle du partenariat présentée au chapitre 3.

Analyse des stratégies

Dans les trois dernières colonnes qui apparaissent à droite du dialogue, indiquez, vis-à-vis des reparties de l'acteur (celles qui sont numérotées), quelques exemples de comportements codés en F, quelques exemples de comportements codés en Er et quelques exemples de comportements codés en Ic.

Évaluez si la règle de l'alternance a été ou n'a pas été appliquée par le praticien.

Décodage empathique

Procédez au décodage empathique de l'information fournie par l'interlocuteur en identifiant des extraits du dialogue qui répondent aux quatre questions suivantes et en écrivant le code correspondant dans la colonne R.

1)   Quels sont les faits qu'il me communique (f) ?

2)   Qu'est-ce qu'il vit en mode rationnel (r) ?

3)   Qu'est-ce qu'il vit en mode affectif (a) ?

4)   Quelle est son intention (i) ?

Le cas Bonaide	Information :			
Acteur : Bonaide, travailleur social	**Entretien :**			
Interlocuteur : Marc, 38 ans	**Facilitation :**			
	Réception :			
Intention : Dans cette séquence d'interaction, je voulais... que Marc reconnaisse qu'il n'y avait pas de solution « objective » à son problème et qu'il cherche en lui les éléments qui auraient pu le conduire à une solution satisfaisante pour lui.				

Le vécu :	Le dialogue :	R	F	Er	Ic
	– Le problème pour lequel je viens consulter est un problème familial. Le père de ma femme vient de décéder et la conséquence est que ma belle-mère, qui a 73 ans, ne peut plus rester seule en appartement. Alors on a eu un conseil de famille et on a retenu deux possibilités : ou elle va en institution ou elle vient vivre chez nous. C'est ça que j'aimerais clarifier.				
Qu'est-ce qu'il attend de moi ?	1. Ça veut dire quoi, pour vous, clarifier ?				
Pour elle ?	– Bien je voudrais savoir ce qui est mieux pour elle ?				
Jaune					
J'aimerais bien qu'il tienne compte de lui.	2. Voulez-vous qu'on regarde aussi ce qui serait mieux pour vous et votre famille ?				
J'aime bien quand il me parle de lui...	– Moi ça me paraît compliqué qu'elle vienne chez nous, mais ma belle-mère ne veut pas aller en institution ; elle fait pression sur ses filles ; elles sont trois dont ma femme.				

Vert		Nous sommes les seuls qui avons une maison assez grande pour la loger. Elle a aussi un fils mais il n'est pas marié et il est toujours parti en voyage ; il n'est pas question qu'elle vive chez lui.
On a déjà les éléments de son ambivalence.	3.	Je comprends que toute la pression porte sur vous et sur votre fem- me. C'est chez vous ou en institution.
Là, il est en contact avec son vécu. *Oups... je n'aime plus ça ; il faut recadrer ça si je suis pour l'aider.* *Jaune*	–	Oui, et on trouve ça très dur, ma femme et moi. On s'est dit que si on consultait un spécialiste, il nous donnerait peut- être des arguments pour convaincre la Belle-mère que c'est mieux pour elle d'aller en institu- tion.
Allons-y mollo...	4.	C'est ça que vous attendez de moi, des arguments pour convaincre votre belle- mère ?
Jaune	–	Oui.
Il faut qu'il sache que c'est à lui de décider.	5.	Je vais probablement vous décevoir, mais ils n'existent pas, ces argu- ments. Il n'y a pas de réponse standard à une situation semblable. Les deux solutions ont des avantages et des incon- vénients et c'est à cha- que famille de peser le pour et le contre.
Au moins le message passe. *Jaune*	–	Ouais (ton de déception).
Il faut que je restructure ça.	6.	Ce que je peux vous of- frir, c'est de vous aider à regarder d'abord ce que ça vous fait vivre, à vous, cette situation, puis à partir de ça, nous pourrions chercher

ensemble la meilleure solution pour vous.

Merde, il comprend pas...

Là, je commence à comprendre son dilemme.

Jaune

– Il n'y a pas juste moi là-dedans ; c'est toute la famille qui est concernée. Si je leur dis que je n'ai pas le goût qu'elle vienne vivre chez nous, ils vont me faire sentir que je suis mesquin.

S'il pouvait se centrer là-dessus...

7. C'est comme ça que vous vous sentez quand vous pensez à refuser de prendre votre belle-mère chez vous ?

Ah ! non, pas encore... Il ne lâche pas.

Rouge

– Vous pourriez me poser des questions sur le tempérament de ma belle-mère et là vous pourriez évaluer si c'est mieux pour elle qu'elle aille en institution.

Je vais lui faire peur...

8. Et si j'évaluais que c'est mieux pour elle qu'elle aille vivre chez vous ?

Bon, son idée est vraiment faite.

Jaune

– Non, ce n'est pas possible parce que c'est une personne qui ne peut pas supporter le bruit et chez nous, avec deux ados à la maison et les amis ; c'est toujours le bordel dans la maison.

Essayons cette piste...

9. Vous avez déjà trouvé un argument pour recommander l'institution.

Évidemment...

Jaune

– Je lui ai dit mais elle répond que le bruit ne la dérangera pas ; qu'elle a élevé trois filles et un garçon et qu'elle sait ce que c'est.

Revenons à lui.

10. Pour vous, il semble que la solution serait qu'elle aille en institution.

Rouge

– Bien, ça dépend.

Faut pas que je lâche.	11. Ça dépend de quoi ?				
Ouais... la congruence, c'est pas pour aujourd'hui...	– Je ne voudrais pas qu'elle soit malheureuse. Puis ma femme est très près de sa mère... ; si elle pense que sa mère va déprimer en institution, elle ne me le pardonnera pas. Ma belle-mère n'est pas une personne désagréable et je voudrais être sûr que l'institution est ce qu'il y a de mieux pour elle.				
Il n'ose pas confronter sa femme ni sa belle-famille.					
Rouge					
	12. Plus vous en parlez, plus je pense que votre choix à vous ce serait que l'on place votre belle-mère en institution. Est-ce que j'ai raison ?				
Zut, il m'échappe encore.	– Vous pensez que ce serait une bonne chose pour elle ?				
Rouge					

Nombre d'interventions codées =

Nombre d'entrées ou de sorties du canal F (*) =

Pourcentage d'alternance = %

LE SYSTÈME ACTEUR-INTERLOCUTEUR

L'utilisation de plus en plus répandue d'une approche systémique dans les sciences humaines a contribué à découvrir l'importance de gérer le processus de communication. Cette approche permet de considérer un ensemble d'éléments qui sont tous reliés les uns aux autres. La figure 5.1, intitulée « Le système acteur-interlocuteur », représente l'ensemble des éléments qu'il faut gérer pour qu'il y ait une concertation entre les partenaires. Le grand rectangle définit la frontière du système qui s'établit entre l'acteur et l'interlocuteur. D'une part, il représente une frontière matérielle, soit le lieu où se fait l'interaction. D'autre part, il indique une frontière psychologique en fonction de l'objet qui réunit les partenaires. La frontière psychologique est définie par un ensemble de règles du jeu qu'il est utile de préciser au point de départ.

Dès qu'une relation s'établit entre un acteur et son interlocuteur, le système est créé. Déjà il y a un *input*, un traitement qui se manifeste dans le dialogue qui s'engage entre l'acteur et l'interlocuteur, et un *output* qu'on recherche implicitement.

Figure 5.1
Le système acteur-interlocuteur

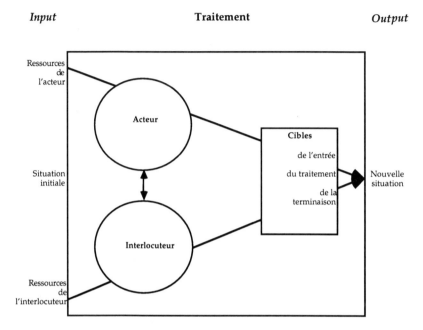

L'information qui entre dans le système pour y être traitée est de deux ordres. Avant même que le système ne soit créé, deux réalités existent qui ne sont pas en relation l'une avec l'autre, c'est-à-dire les ressources de chacun des partenaires. L'interaction entre ces deux types de ressources est suscitée par une situation particulière qui conduit à une interaction ; on la désigne comme la situation initiale pour souligner ce qui, dans cette situation, est à l'origine du système acteur-interlocuteur. On a vu au chapitre 3 qu'une interaction peut commencer de deux façons, soit par une demande de l'interlocuteur donnant lieu à une structure initiale de service, soit par une initiative de l'acteur donnant lieu quant à elle à une structure de pression. La naissance du système acteur-interlocuteur est représentée à gauche du schéma de la figure. En dehors de ce système, on retrouve les ressources de chacun ainsi qu'une situation initiale. Dès que le contact est établi, les ressources des partenaires permettent de faire entrer dans le système toute l'information pertinente en fonction de l'objet de la rencontre, puis de traiter cette information en vue de créer une nouvelle situation qui sera l'*output* de l'interaction.

La règle de la concertation propose à l'acteur de gérer de façon formelle le processus même de l'interaction, en utilisant notamment la fonction d'entretien décrite précédemment au chapitre 4. Pour ce faire, on peut proposer à son interlocuteur un certain nombre de cibles et en discuter, le cas échéant. Une fois l'entrée terminée, l'acteur peut maintenir la concertation s'il fait le point de temps en temps, introduit chaque étape du traitement, annonce le passage à une autre étape, etc. Enfin, il veille à ce que l'interaction se termine bien, proposant, s'il y a lieu, un bilan de la rencontre et un bref échange sur les suites à donner. Dans la figure qui représente le système acteur-interlocuteur, les flèches qui vont de gauche à droite indiquent le passage de l'*input* à l'*output*, ce qu'on appelle la trajectoire ou le processus d'intervention.

Dans tout système, le but visé est la clef pour comprendre l'interaction entre les éléments. Dans le système acteur-interlocuteur, la formulation du but est un test important du degré de concertation qui peut s'établir entre les partenaires. C'est en partie la recherche d'une telle concertation qui justifie l'importance accordée à la première étape dite d'entrée. C'est là qu'on détermine, dans ses grandes lignes, s'il peut y avoir un intérêt commun (règle du partenariat traitée au chapitre 3), de façon à établir une structure de coopération. Cette recherche d'un intérêt commun se fera en poursuivant les cibles de l'entrée.

LES CIBLES DE L'ENTRÉE

Les cibles dites de l'entrée sont particulièrement utiles pour établir dès le point de départ un climat de concertation : « rien ne sert de courir, il faut partir ensemble », comme le dit la maxime de la règle de la concertation. Faire une entrée signifie qu'avant même d'aborder le sujet de la rencontre, l'acteur exerce une fonction d'entretien en s'exprimant et en invitant son interlocuteur à s'exprimer sur les trois éléments suivants : leur perception de la situation initiale (l'*input*), le résultat attendu de la rencontre (l'*output*) et la façon de procéder pour atteindre ce résultat, ce qui inclut la responsabilité de chacun (le traitement).

Guide pour faciliter l'entrée

L'entrée vise à structurer la relation que l'on établit avec son interlocuteur. On utilise **exclusivement** les canaux de communication réservés à la réception (décodage empathique), à la facilitation et à l'entretien. Toute information sur le contenu est différée.

L'entrée est terminée lorsqu'on a atteint les trois cibles suivantes :

1) La situation initiale a été formulée ou recadrée à la satisfaction des deux interlocuteurs.

2) L'objectif de l'interaction a été formulé à la satisfaction des deux interlocuteurs.

3) La façon de travailler et la responsabilité de chacun ont été décrites à la satisfaction des deux interlocuteurs.

L'encadré intitulé « Guide pour faciliter l'entrée » peut aider un acteur à faire établir dès le point de départ les conditions favorables à la concertation.

Le cas de relation d'aide présenté dans l'encadré intitulé « L'entrée de Sam » servira à illustrer comment un acteur peut favoriser la concertation en gérant le processus et en utilisant le canal d'entretien. Sam travaille dans un CLSC au programme jeunesse et famille. Val a demandé et obtenu un rendez-vous pour une consultation. L'intention de Sam, telle que formulée au début de l'encadré, manifeste le souci d'introduire et d'atteindre les trois cibles d'une entrée (voir le guide présenté plus haut). Cette formulation comprend les trois éléments du cycle de l'intention discuté au chapitre 2 : la stratégie : « je voulais... compléter une entrée » ; l'effet visé : « que l'interlocuteur se dise satisfait... » et la motivation : « me sentir confiant de pouvoir l'aider ». Les commentaires, dans la colonne de gauche, confirment que cette intention guide vraiment l'acteur dans son interaction.

L'entrée de Sam		Information :			
Acteur : Sam		Entretien :			
Interlocuteur : Val		Facilitation :			
		Réception :			
Intention : Dans cette séquence d'interaction, je voulais... compléter une entrée ; que l'interlocuteur se dise satisfait 1) de ma reformulation du problème, 2) de la planification de notre façon de travailler et 3) de l'objectif visé ; je voulais me sentir confiant de pouvoir l'aider.					
Le vécu :	Le dialogue :	R	F	Er	Ic
Voyons d'abord ce qui l'amène.	1. [Après les salutations d'usage] Qu'est-ce que je peux faire pour toi ? – Je viens consulter pour un problème de couple.				
C'est dans mes compétences. *J'ai bien des choses à dire là-dessus.*	2. Oui... – Je veux savoir ce que vous pensez des relations extra-conjugales.				
J'aimerais bien un peu plus de précision. *C'est bien vague...*	3. Ce que je pense des relations extra-conjugales... [ton réflexif]. – Oui, ... d'une personne mariée qui aurait une aventure.				
Je vais à la pêche...	4. Cette personne [bref silence], c'est toi ? Ou la personne avec qui tu vis ?				
Oh ! là là ! *On est loin du problème...*	– Ça pourrait être moi et ça pourrait être l'autre. J'ai reçu une éducation très stricte et la fidélité conjugale, dans ma famille, c'était sacré. Mais aujourd'hui, c'est bien différent. Croyez-vous qu'un couple peut si un des deux a une aventure ?				

J'essaye à nouveau.	5. C'est une bonne question et on peut en parler ; mais, présentement, ce qui m'intéresse, c'est de savoir pourquoi, toi, tu te poses cette question ?
Bon, ce n'est guère mieux.	– Je vous la pose parce que je ne sais plus quoi penser.
Je prends le risque...	6. Bon, voici ce que je te propose. Puisque tu as demandé une consultation personnelle, j'ai supposé que la question se posait dans ton couple à toi et que, possiblement, tu voulais avoir mon avis parce que tu as une décision à prendre. Est-ce que je me trompe ?
Bingo !	– C'est exact (ton gêné).
Voyons si on peut partir ensemble...	7. D'accord. Je suggère alors que tu me dises comment tu vis le problème dans ton couple à toi. Puis à partir de ça, je pourrai t'aider à voir plus clair en toi, puis à faire des choix s'il y a lieu.
Ça se précise...	– Il n'y a pas de problème actuellement, mais ça pourrait venir...
Est-ce que je comprends bien ?	8. Ça pourrait venir si l'un de vous deux avait une aventure ?
OK.	– Ben, c'est un peu ça.
Dernière vérification...	9. Es-tu d'accord avec la façon de travailler que je te propose ?
C'est parti...	– Oui.

	10. Bon ! Bien, allons-y. – Depuis une dizaine de jours... [On entreprend l'exploration du problème.]				
Nombre d'interventions codées = Nombre d'entrées ou de sorties du canal F (*) = Pourcentage d'alternance = %					

Malgré la difficulté pour Val de parler ouvertement de son problème, Sam estime, à la fin du dialogue, qu'il a suffisamment de précisions pour amorcer les étapes du traitement. Si le lecteur veut vérifier à nouveau les apprentissages faits dans les chapitres précédents, il peut coder toutes les interventions de Sam et même procéder au décodage empathique des informations fournies par Val. Il verra, dans le corrigé proposé à l'annexe 2, qu'il n'y a aucune information sur le contenu de la part de Sam qui applique la maxime : « rien ne sert de courir, il faut partir ensemble ».

La première cible de l'entrée est introduite dès le début. Sam n'arrive pas d'emblée à savoir quel est le problème ; il est facile de supposer que la question abstraite que pose Val cache une question très personnelle mais toutes les stratégies employées avec beaucoup d'habileté par Sam ne permettent même pas de savoir si l'aventure qui menace le couple est celle de Val ou celle « de l'autre ». Sam décide néanmoins de partir avec une situation aussi imprécise, se disant sans doute que sa reformulation de la situation initiale amènera très rapidement les précisions souhaitées. Avant de se lancer dans l'exploration, on voit apparaître au n° 7 le souci chez Sam d'une concertation par rapport à la façon de travailler ; la dépendance exprimée l'incite, sans doute, à s'assurer qu'on sera deux à travailler ensemble. La cible est atteinte au n° 9 lorsque Sam obtient un oui à la question suivante : « Es-tu d'accord avec la façon de travailler que je te propose ? » La formulation de l'*output* désiré demeure implicite dans la deuxième partie de l'intervention n° 7 : « Puis à partir de ça, je pourrai t'aider à voir plus clair en toi, puis à faire des choix s'il y a lieu. » Il est probable qu'en raison de la difficulté de nommer dès l'entrée la situation initiale, Sam juge qu'il n'y a pas lieu d'insister sur l'*output* désiré. On présume qu'en cours de route Val aura des choix existentiels à faire et que l'*output* implicite sera d'avoir fait des choix satisfaisants.

LA GESTION DU PROCESSUS

De façon générale, la gestion du processus a trait aux décisions que le praticien prend par rapport à la façon de structurer la rencontre et par rapport à la démarche en cours. Plusieurs acteurs qui ont eu des difficultés sur le plan de la relation ont constaté que dès le point de départ, leur rencontre avec leur interlocuteur ne s'était pas établie sur une base de concertation. Après coup, ils ont constaté que les façons de voir la situation, le résultat visé au terme de la rencontre ou la façon d'atteindre ce résultat divergeaient. Le problème ne vient pas de la divergence elle-même, mais de l'ignorance de cette divergence et, en conséquence, de l'impossibilité dans laquelle on se trouvait d'en discuter et de négocier une trajectoire qui aurait permis la concertation. D'autres acteurs sont sortis déçus d'une rencontre où on faisait appel à leur expérience et à leurs habiletés : leur interlocuteur s'objectait à toutes leurs suggestions puis, au terme de la rencontre, les deux interlocuteurs sortaient frustrés, le client ayant l'impression qu'on ne l'avait pas aidé et l'expert qu'on ne voulait pas accepter ses conseils. C'est pour éviter un tel risque que Sam, dans l'exemple cité plus haut, consacre la première partie de son interaction à structurer la rencontre.

L'exemple du conseiller pédagogique, cité précédemment au chapitre 3, illustre l'importance de l'entrée lorsque les partenaires n'ont pas, dès le point de départ, une cible commune. Dans cet exemple, plusieurs trajectoires étaient possibles et il a fallu une longue négociation pour passer d'une trajectoire de service à une trajectoire de concertation. Camille, qui vit une difficulté dans un cours, en raison de la quantité de textes en langue anglaise que le professeur demande aux étudiants de lire, souhaite une intervention auprès du professeur, de la part de son conseiller pédagogique : « Je me demandais si vous pourriez parler au professeur. » Le conseiller, en tant que collègue, ne veut pas intervenir. Il refuse donc la trajectoire de son interlocuteur : « J'ai peur que ce soit difficile. Tu sais, c'est délicat. Chaque professeur a sa propre conception de la pédagogie et rien ne m'autorise à critiquer un collègue. Si quelqu'un devait le faire, ce devrait être le coordonnateur du programme, s'il jugeait que les exigences du professeur sont excessives. »

Camille accepte et on se retrouve au point de départ. Le conseiller prend la relève et après avoir résumé, à la satisfaction de son interlocuteur, la situation initiale, il s'engage dans une autre trajectoire, mais sans avoir terminé son entrée : il aborde la situation soumise par Camille en proposant une solution (information sur le contenu) : « Je pense à quelque chose. L'an dernier, un étudiant a vécu une difficulté semblable et il a décidé de prendre un cours tutoral au département d'anglais. Il a négocié une démarche où un étudiant de ce département l'aidait à améliorer sa compréhension de l'anglais en utilisant des textes qu'il avait à lire pour ses cours de psychologie. Il a été très satisfait de la démarche. Crois-tu qu'une démarche comme celle-là pourrait t'aider ? » Camille répond : « Je ne sais pas. » Le conseiller perçoit le manque d'enthousiasme, indique qu'il ne désire pas imposer cette trajectoire dans l'intervention qui suit : « Si jamais tu décidais d'utiliser cette démarche, je te donnerai le nom de la personne à contacter. » La réaction de l'interlocuteur confirme qu'il n'est pas prêt pour une telle trajectoire :

« J'ai peur que cela ne suffise pas pour m'aider à réussir le cours dont je vous parle. » Le fait de s'engager dans cette trajectoire sans avoir terminé son entrée n'est pas mauvais en soi ; en procédant ainsi, le praticien manifeste son intérêt à aider le client et c'est souvent une façon de vérifier rapidement si la trajectoire amorcée suscite l'intérêt du client. Il importe cependant d'appliquer le test personnel d'efficacité. Ici, le conseiller a d'abord persisté dans la trajectoire qu'il souhaitait : « OK. Cherchons d'autres moyens qui t'aideraient davantage... » Il obtient encore une réponse qui confirme le manque d'enthousiasme : il est clair, à ce moment, que la cible proposée par le conseiller n'est pas encore une cible commune ; elle ne mobilise pas l'énergie du client.

La suite du dialogue illustre encore mieux la divergence de la trajectoire souhaitée : pendant que le conseiller s'efforce d'introduire les éléments d'une trajectoire qui relève de son champ de compétence, Camille poursuit encore, implicitement, la trajectoire qu'il a introduite au début. Lorsque le conseiller l'invite à chercher des moyens pour résoudre le problème sur le plan pédagogique, il répond d'abord de façon évasive : « Oui (ton faible) » ; puis, dès que le conseiller lui donne du pouvoir, en passant au canal de facilitation — « Penses-tu à quelque chose d'autre ? » — il revient à la charge : « On pourrait peut-être demander au comité de coordination de faire une plainte auprès du coordonnateur du programme. » La fin du dialogue cité au chapitre 3 est reprise dans l'encadré intitulé « La négociation d'une trajectoire » ; on y voit comment l'entrée se termine. Cette fois, le conseiller prend le temps de dire pourquoi il n'est pas intéressé à la trajectoire souhaitée par Camille ; puis, il recueille plus d'informations sur la situation initiale, telle que vécue par son client ; enfin, après avoir écarté une autre cible qui les éloignerait du problème immédiat, il obtient finalement un indice clair que son interlocuteur accepte sa trajectoire : « Oui, je veux bien. » On peut supposer que cette fois les deux partenaires ont poursuivi une trajectoire commune puisque Camille sort du bureau en remerciant son conseiller pédagogique de son aide.

La négociation d'une trajectoire

12.   Penses-tu vraiment que cela peut changer quelque chose assez rapidement pour que le professeur modifie sa pédagogie ?

—   Non. J'ai l'impression qu'il ne veut rien savoir.

13.   Je ne veux pas te décourager si tu veux trouver des moyens pour modifier l'attitude du professeur, mais je crains que tu y mettes beaucoup d'énergie, alors que tu as déjà de la difficulté à rejoindre les deux bouts.

—   Oui, c'est vrai. Vous pensez qu'il n'y a rien à faire de ce côté-là ?

14.   Il y aurait sans doute des choses à faire et, dans le passé, des étudiants ont réussi à influencer des professeurs, mais la plupart du

temps ce sont les étudiants de l'année suivante qui en ont profité. Dans ton cas, si tu as peur d'échouer, je ne pense pas que cela réglera ton problème.

— Je trouve que certains professeurs abusent de leur pouvoir.

15. Hum, hum.

— (Silence prolongé).

16. Veux-tu qu'on parle un peu plus de ta peur d'échouer ?

— Oui (ton faible).

17. As-tu déjà échoué à un examen ?

— Non, mais j'ai déjà eu un C.

18. OK. Et tu crains, cette fois, d'avoir un D ou même d'échouer.

— Peut-être pas d'échouer parce que ce professeur ne coule jamais personne, mais si j'ai un D ou même un C, cela va baisser ma moyenne cumulative et je ne serai pas accepté à la maîtrise.

19. Tu as quoi présentement comme moyenne cumulative ?

— 3.2.

20. C'est bien au-delà du 2.8 qui est exigé pour être admissible à la maîtrise.

— Je le sais ; mais dans la sélection, on prend uniquement les plus forts et si j'ai moins que 3.2, j'ai peur d'être refusé.

21. Oui, je vois ce qui te préoccupe. Écoute, Camille, cela me paraît un autre problème et nous pourrions en reparler une autre fois ; mais pour l'instant, c'est peut-être mieux de revenir à ton problème immédiat au sujet du cours dont nous parlions ; qu'en penses-tu ?

— Oui, je veux bien.

22. Qu'est-ce que tu pourrais faire pour obtenir la meilleure note possible ?

(L'échange se poursuit pendant vingt minutes et Camille sort du bureau en remerciant son conseiller pédagogique de l'avoir aidé.)

En soi, aucune trajectoire n'est meilleure qu'une autre. Ici, le conseiller, pour les raisons qu'il a données, n'est pas intéressé par la trajectoire souhaitée par son client. Un autre aurait pu accepter cette trajectoire. Dans la situation citée, Camille accepte la trajectoire qui plaît davantage à son conseiller. Un autre aurait pu se retirer et dire « non merci » à la trajectoire proposée par le conseiller. Ce que propose la règle de la concertation, c'est de prendre le temps, au cours d'une entrée, de bien s'assurer qu'on a une trajectoire commune. On a vu que le conseiller a utilisé très rapidement le canal d'information, avant même d'avoir terminé son entrée. Cela risquait de l'entraîner dans une escalade mais il a corrigé rapidement cette erreur : en appliquant le principe de l'autorégulation (il a perçu la réticence de son interlocuteur) et la règle de l'alternance (il est passé au canal de facilitation), il a réussi à structurer une relation coopérative qui a permis aux deux partenaires de définir puis d'atteindre une cible commune.

De façon générale, le praticien qui veut favoriser la concertation est invité à structurer dès le point de départ une relation dont la trajectoire fait l'objet d'un consensus. Parfois cela prend à peine quelques minutes ; parfois une ou plusieurs rencontres sont nécessaires pour y parvenir. La figure 5.2 intitulée « La trajectoire » illustre les éléments du système interpersonnel qui concernent la structuration d'une trajectoire de coopération. Trois types de trajectoire sont illustrés. Celle qui est représentée par les traits pointillés, visant un but commun, est une trajectoire coopérative. Les deux autres, représentées par des traits hachurés et par des traits pleins, sont des trajectoires établies de façon unilatérale par l'acteur (structure de pression) ou par l'interlocuteur (structure de service).

Figure 5.2
La trajectoire

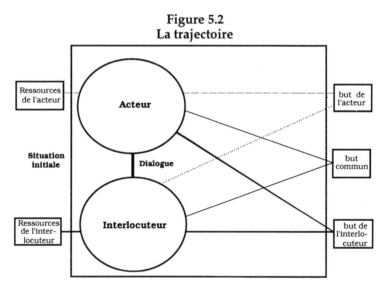

CONCLUSION

Un praticien est souvent victime de son besoin de se sentir utile. Il a souvent hâte de mettre en œuvre sa compétence et ses habiletés. La règle de la concertation l'invite à « perdre un peu de temps » au point de départ pour économiser tout le temps qu'il prendrait à « se battre »

(escalade) avec un interlocuteur qui poursuivrait une trajectoire différente de la sienne. Voilà pourquoi des praxéologues ont formulé la règle
de la concertation. Inspirée de la fable de La Fontaine « Le lièvre et la
tortue », la maxime traduit bien l'esprit de cette règle.

Règle de la concertation

Gérer le processus de communication

Je prends le temps de préparer le
terrain par une entrée où j'annonce mes intentions ; puis je pré-
viens ou supprime les obstacles en
donnant de l'information sur le
processus.

*Rien ne sert de courir,
il faut partir ensemble.*

6

LA NON-INGÉRENCE

Prendre sa place, toute sa place et rien que sa place.

La pratique professionnelle est une entreprise de changement. Deux partenaires sont réunis et sont appelés à s'influencer mutuellement pour faire évoluer une situation et obtenir, au terme de l'interaction, une situation améliorée. La règle de la non-ingérence traduit une façon de concevoir le partage du pouvoir entre l'acteur et son interlocuteur dans une structure de coopération. Elle invite le praticien à reconnaître le pouvoir qu'il exerce, celui qui appartient à son interlocuteur, à bien formuler le changement souhaité, puis à tout mettre en œuvre pour éviter l'ingérence.

LES FORMES DE POUVOIR

L'idée que le praticien exerce un pouvoir n'a pas toujours été évidente dans le domaine des sciences humaines, surtout dans celui de la psychologie, à l'époque dite de la « non-directivité » (Pagès, 1965). Carl Rogers, qui est à l'origine de ce courant, a reconnu, vers la fin de sa carrière, le jeu de pouvoir inhérent à sa pratique dans une approche « centrée sur le client ». Dans l'introduction d'un volume dont le titre est sans équivoque — *Carl Rogers on personal power* (1977), traduit en français sous un titre tout aussi éloquent : *Un manifeste personnaliste* (1979) — il rend compte de l'*insight* qu'il a fait à ce sujet.

> Il y a trois ans, on m'a demandé... de parler de la politique de l'approche centrée sur le client en psychothérapie. J'ai répondu qu'il n'y avait pas de politique en thérapie centrée sur le client, réponse que l'on a accueillie d'un gros éclat de rire. Quand j'ai prié la personne qui m'interrogeait de s'exprimer, elle a répondu : « J'ai passé trois années à étudier dans un établissement de

troisième cycle pour me spécialiser en psychologie clinique. J'ai appris les diverses techniques pour changer les attitudes et le comportement du sujet. J'ai appris de subtiles méthodes de manipulation qui portaient les étiquettes d'interprétation et de conseil psychologique (*guidance*). Puis j'ai commencé à lire vos écrits, ce qui a bouleversé toutes les notions que j'avais acquises. Vous disiez que le pouvoir réside non pas dans mon esprit mais dans son organisme. Vous avez complètement renversé le rapport du pouvoir et du contrôle qui s'était imposé à moi dans l'espace de ces trois années... (p. 3)

Plus loin, dans cette même introduction, Rogers précise que « la politique, dans la pratique psychosociologique et sociale actuelle, implique pouvoir et contrôle : dans quelle mesure les personnes désirent, s'efforcent d'obtenir, possèdent, partagent ou cèdent le pouvoir et le contrôle qu'il ont sur autrui ou sur eux-mêmes (ou les deux) » (p. 4). La règle de la non-ingérence suppose que l'acteur détermine la part de pouvoir qu'il s'attribue et la part qu'il attribue à son interlocuteur.

Pour aider le praticien à reconnaître le pouvoir qu'il exerce puis à bien partager ce pouvoir entre lui et ses interlocuteurs, l'encadré intitulé « Les types de pouvoir » propose de distinguer trois façons d'exercer ce pouvoir dans une relation entre deux personnes.

Les types de pouvoir

Le pouvoir d'autorité

La possibilité d'agir sur une situation et d'influencer le cours des événements en vertu d'une autorité naturelle (celle des parents) ou reçue par mandat (élection ou nomination légitime).

Le pouvoir d'expert

La possibilité d'agir sur une situation et d'influencer le cours des événements en vertu d'informations résultant d'une expérience et d'habiletés formelles reconnues par statut ou par contrat.

Le pouvoir personnel

La possibilité d'agir sur une situation et d'influencer le cours des événements en vertu des choix personnels que l'on fait et de sa personnalité.

Le pouvoir d'autorité est la possibilité d'agir sur une situation et d'influencer le cours des événements en vertu d'une autorité naturelle (celle des parents) ou reçue par mandat (élection ou nomination légitime). L'acteur qui dispose d'un tel pouvoir peut, à la limite, imposer sa volonté à son interlocuteur sur un point qui est reconnu dans son champ de pouvoir ; même si la coopération privilégie des décisions par mode de consensus, l'interlocuteur se laissera plus facilement influencer si l'acteur est « en autorité » par rapport à lui. Les parents face à leurs enfants, les patrons face à leurs employés, les responsables de l'application de la loi par rapport aux citoyens disposent d'un tel pouvoir.

Le pouvoir d'expert est la possibilité d'agir sur une situation et d'influencer le cours des événements en vertu d'informations résultant d'une expérience et d'habiletés formelles reconnues. L'expert n'a pas d'autorité formelle et il ne peut imposer sa volonté sur aucun point ; mais dans la mesure où il s'adresse à un interlocuteur qui fonctionne en mode rationnel, il peut avoir beaucoup de pouvoir sur son interlocuteur. Par exemple, c'est le cas du médecin qui informe son patient que telle habitude peut réduire de quelques années son espérance de vie, de l'ingénieur qui avertit un entrepreneur que le choix de tel matériau augmente considérablement le risque d'effondrement d'une structure, du comptable qui avise un administrateur que la situation financière de la compagnie peut conduire à une faillite, du professeur qui avertit un étudiant que s'il ne maîtrise pas tel savoir ou tel savoir-faire, il ne réussira pas ses examens, d'une infirmière qui informe un patient de ce qu'il peut faire pour hâter la guérison d'une plaie.

Le pouvoir personnel est la possibilité d'agir sur une situation et d'influencer le cours des événements en vertu des choix personnels que l'on fait et de sa personnalité. On fait parfois référence au charisme d'une personne, ou à son *leadership* naturel, ou à la force de sa personnalité lorsqu'on évoque ce type de pouvoir chez une personne. Mais quel que soit le degré de pouvoir personnel d'un acteur — et cela peut varier en fonction des interlocuteurs qu'il rencontre — chacun reste toujours maître de son comportement ; il a toujours un champ de compétence qui lui appartient par le simple fait qu'il est une personne autonome considérée socialement et légalement comme pouvant décider de son propre comportement, du moins, dans un régime démocratique.

Dans une pratique professionnelle, c'est ordinairement le pouvoir d'expert qui caractérise l'acteur. Cela est évident dans une structure de service où un client fait appel aux compétences spécifiques d'un professionnel ; mais c'est aussi le cas dans une structure de pression, comme dans le cas de Doris, présenté au chapitre 3, qui voulait obtenir de Madame T… une autorisation pour envoyer un élève en orthophonie. Dans ce dernier cas, c'est la mère qui détenait le pouvoir d'autorité, en tant que parent, la loi interdisant aux intervenants d'une école de faire une intervention sans le consentement des parents. Dans les cas plus courants d'une structure de service — comme dans le cas de Claude, l'orienteur professionnel consulté par Dominique (chapitre 4) qui devait décider d'un type d'école pour les études collégiales de son fils — l'acteur possède un pouvoir d'expert qui lui est reconnu par son interlocuteur. En retour, des praticiens soucieux de coopération invitent leurs interlocuteurs à utiliser leur pouvoir personnel ; ils s'interdisent même d'orienter les décisions de ceux-ci lorsqu'ils les considèrent compétents. C'est ainsi que Claude refusait de répondre à la question de Dominique « que feriez-vous à ma place ? », considérant sans doute qu'une réponse à cette demande eut été de l'ingérence de sa part. Cette notion sera explicitée plus loin.

Le pouvoir personnel n'est pas réservé à l'interlocuteur. Le praticien dispose aussi d'un certain pouvoir personnel. Par exemple, même si ses fonctions lui interdisent ordinairement de « choisir » ses clients, il pourra, pour des questions de valeurs personnelles ou professionnelle, refuser d'être associé à une situation qu'il considère malsaine ou immorale.

Dans la relation entre Doris et Madame T..., le simple pouvoir d'expert n'exige rien d'autre que d'informer Madame T... des difficultés d'apprentissage de son fils ; mais Doris pourrait aussi tenter d'influencer la mère de Marco en utilisant son pouvoir personnel, en lui disant par exemple — contrairement à Claude face à Dominique — ce qu'elle devrait faire pour s'acquitter de ses « devoirs de parent ». La question sera reprise plus loin pour déterminer à quel moment l'utilisation d'un tel pouvoir, de la part du praticien, devient de l'ingérence.

On croit parfois qu'une personne qui dispose d'un pouvoir légitime a plus de chance que d'autres « d'obtenir ce qu'elle veut ». Il est vrai qu'une personne qui détient un pouvoir légitime peut imposer sa volonté à un interlocuteur. On reconnaît cependant les limites d'une approche autoritaire. Si la coopération, pour reprendre un slogan publicitaire, a bien meilleur goût pour une majorité de praticiens, c'est précisément parce que l'utilisation excessive du pouvoir légitime permet rarement de produire l'effet visé sans effet secondaire indésirable[1]. La situation présentée dans l'encadré intitulé « L'exercice de l'autorité » illustrera cette limite.

À partir des notions présentées dans les chapitres précédents, le lecteur constatera une utilisation abusive du canal d'information : toutes les interventions donnent de l'information sur le contenu (Ic) ; c'est une stratégie fréquente chez un acteur qui mise sur son pouvoir légitime pour être efficace. Elle conduit souvent à l'inefficacité. Combien de parents, dans leurs conflits avec leurs enfants et leurs adolescents, l'apprennent à leurs dépens.

---

1. Voir par exemple Craig, J.H. et Craig, M. (1974), *Synergic Power, beyond domination and permissiveness*, Berkeley, Cal. : Proactive Press ; Crozier, M. et Friedberg, E. (1977), *L'acteur et le système*, Paris : Editions du Seuil ; Friedberg, E. (1993), *Le pouvoir et la règle, dynamique de l'action organisée*, Paris : Seuil. Gibb, J. (1978), *Les clefs de la confiance*, Montréal : Le Jour, Actualisation.

L'exercice de l'autorité	Information :			
Acteur : Claudia, gestionnaire	**Entretien :**			
Interlocuteur : Germain, employé	**Facilitation :**			
	Réception :			

Intention : Dans cette séquence d'interaction, je voulais...

que Germain s'engage à respecter mon autorité en appliquant les procédures administratives de la compagnie.

Le vécu :	Le dialogue :	R	F	Er	Ic
Il me regarde avec un sourire moqueur : le sourire du délinquant...	1. Germain, je t'ai déjà demandé plusieurs fois de respecter les procédures administratives. Tu as encore fait appel à Jacques pour travailler sur ton projet sans passer par son patron.				Ic
Il se moque complètement des emmerdements qu'il me cause.	– C'est idiot. Ce que j'avais à lui demander ne demandait pas plus qu'une heure de travail et il en aurait fallu presque autant pour remplir toute la paperasse que cela demande pour passer par son patron.	r			
Essayons encore une fois de lui faire entendre raison.	2. Ce n'est pas une question de temps ; c'est une question de saine gestion.				Ic
Bon, c'est reparti...	– Parlons-en de saine gestion... Il y a plus d'un mois, j'ai demandé à ce service des statistiques dont j'ai besoin pour construire une activité de formation et je n'ai rien reçu.	r f			
Tu essaies de t'en sortir mais ça ne prend pas cette fois.	3. Il n'y a personne de parfait, mais ce n'est pas une raison pour justifier tes propres erreurs.				Ic

Tu cherches encore à te justifier.	– De toute façon, ils n'ont rien à faire dans ce service. Quand je suis allé à son bureau, Jacques était en train de lire une revue.	r f			
Il faut que ça cesse ; son comportement est inadmissible.	4. [Sur un ton sec] Ce n'est pas à toi d'en juger. Écoute, je te demande de faire un effort pour maintenir de bonnes relations avec ce service. Je ne voudrais pas être obligée d'en reparler.				Ic
Merde, il n'a rien compris. Il n'a aucun désir de changer.	– Bon, d'accord. [Avec un sourire malicieux] : la prochaine fois, j'essaierai de ne pas me faire prendre.	i			
Nombre d'interventions codées = 4 Nombre d'entrées ou de sorties du canal F (*) = 0 Pourcentage d'alternance : 0 / 4 = 0 %			0	0	4

Après son échec, Claudia fit une réflexion sur son action qu'elle résume dans le texte reproduit dans l'encadré intitulé « Réflexion de Claudia ». On constate que Claudia prend conscience de son impuissance devant le fait que Germain, très sûr de lui et très indépendant — on lui offre un emploi ailleurs —, peut utiliser son pouvoir personnel pour refuser d'obéir. En conséquence, Claudia modifie complètement sa stratégie et planifie une approche de type coopératif. On ne peut savoir si Claudia sera efficace lors de la deuxième rencontre, mais si elle applique l'ensemble des règles déjà présentées, on peut au moins affirmer qu'elle augmentera la possibilité de succès. Cette situation a été traitée dans un atelier de praxéologie et tous les collègues de Claudia qui ont participé à des jeux de rôles pour l'aider à expérimenter sa stratégie coopérative ont affirmé que s'ils étaient à la place de Germain, ils seraient disposés à modifier leur comportement dans le sens souhaité par Claudia.

UNE THÉORIE DU CHANGEMENT

La règle de la non-ingérence est formulée dans le cadre de l'une des six dimensions incontournables de toute pratique professionnelle, telles que présentées au chapitre 1 ; la cinquième dimension se formule comme suit : « Tout praticien est un agent de changement qui utilise, implicitement ou explicitement, une théorie du changement. » Il n'est pas possible de faire ici l'inventaire des nombreuses théories du changement qui existent dans le domaine des sciences humaines. Pour faciliter l'application de la règle de la non-ingérence, deux notions théoriques seront empruntées à ces écrits. La première est la notion de *problem setting* utilisée par Schön qui considère que la façon de poser un problème détermine l'ensemble des stratégies que l'on met en œuvre pour solutionner ce problème. La seconde est une distinction, désormais reconnue, que l'École de Palo Alto a faite entre deux ordres de changement. Ces deux types de conceptualisation aideront le praticien à « prendre sa place, toute sa place et rien que sa place », selon la maxime qui caractérise la règle de la non-ingérence.

Réflexion de Claudia

Je suis convaincue maintenant qu'il n'est pas réaliste de demander à Germain de manifester du respect pour mon autorité. La seule façon de gagner cette bataille serait de lui imposer des sanctions et finalement de le congédier, ce qui arriverait probablement, à moins que Germain ne donne sa démission, car sa compétence est reconnue et je sais qu'il a des offres de nos compétiteurs. Je pourrais gagner la bataille, mais je perdrais un de mes meilleurs employés. En définitive, j'y perdrais plus que lui. Je ne renonce cependant pas à obtenir qu'il respecte les procédures administratives de la compagnie.

J'adopterai la stratégie suivante :

Je n'attendrai pas que Germain récidive avant de lui parler de ce problème. Je prendrai l'initiative d'une autre rencontre. Je dirai à Germain mon insatisfaction à la suite de notre rencontre précédente. Je lui proposerai ensuite de chercher ensemble une solution satisfaisante pour nous deux. Je lui dirai ce que son comportement entraîne comme conséquences pour moi ; j'« ouvrirai » avec lui le dilemme dans lequel je me trouve et j'ai bon espoir qu'en prenant le problème sous cet angle, je réussirai à obtenir sa collaboration. Je suis optimiste, car en dehors de ce problème, ma relation est excellente avec Germain. Nous nous respectons mutuellement.

La « problémation[2] »

Voici comment Schön introduit la question de la « problémation » :

> Depuis une vingtaine d'années, ce domaine (des politiques sociales) a été marqué et même dominé par une conception selon laquelle le développement des politiques sociales devait être considéré comme une entreprise de solution de problème.

---

2. Dans une traduction du texte de Schön, le néologisme « problémation » a été proposé pour respecter le dynamisme de l'expression américaine ; voir Schön, 1981 et Schön et Rein, 1994.

> À l'opposé de cette conception, j'ai acquis la conviction que les difficultés essentielles en matière de politiques sociales sont plus une question de formulation du problème qu'une question de solution de problème, que la façon de formuler les buts à atteindre est plus importante que le choix des moyens que l'on met en œuvre pour atteindre ces buts. Il devient alors capital d'apprendre comment se formulent en fait les problèmes de politiques sociales et de découvrir ce que cela signifie de bien ou mal les formuler. (Schön, 1992, p. 312)

Dans le contexte d'une intervention plus restreinte que celle que l'analyse de Schön évoque, il est évident que la possibilité d'une relation coopérative est très reliée à la façon de formuler la situation initiale. Dans le cas du conseiller pédagogique, présenté et analysé aux chapitres 3 et 5, on a déjà constaté l'importance de formuler la situation initiale dès l'entrée. Lorsqu'il applique la règle de la concertation, le conseiller modifie la problémation de son interlocuteur. Celui-ci partait avec la formulation suivante : « Le professeur du cours X donne trop de textes en langue anglaise » ; au terme de l'entrée, une « négociation » a conduit à une reformulation qui permettait au conseiller d'aider son interlocuteur pour solutionner le problème suivant : « La quantité de textes anglais que j'ai à lire dans le cours X peut entraîner pour moi une note insuffisante. »

On se rappellera que pour structurer une relation coopérative, il faut que le praticien perçoive chez son interlocuteur une certaine compétence par rapport à l'objet de l'intervention. Il faut bien sûr que lui-même reconnaisse sa propre compétence. La formulation du problème ou de la situation à traiter devrait refléter cette condition. Lorsque Claudia tentait vainement de corriger le comportement délinquant de Germain, elle traitait celui-ci comme un exécutant. Lorsqu'elle planifie une suite, elle envisage une nouvelle trajectoire ; elle a recours, cette fois, à une problémation qui fera appel à la compétence de son interlocuteur : « Je lui dirai ce que son comportement entraîne comme conséquences pour moi ; j'« ouvrirai » avec lui le dilemme dans lequel je me trouve et j'ai bon espoir qu'en prenant le problème sous cet angle je réussirai à obtenir sa collaboration. » Cette fois, Germain sera mis à contribution pour trouver « une solution satisfaisante » pour les deux.

Dans la plupart des cas où il y a escalade, on constate que la façon de poser le problème rend la coopération difficile parce que le pouvoir de l'interlocuteur n'est pas reconnu. Dans le cas de Madame T..., présenté au chapitre 3, on a assisté d'abord à une escalade, puis Doris a constaté que la formulation de son intention ne laissait pas beaucoup de place à la mère de Marco : « Dans cette intervention, je voulais que Madame T... signe une autorisation pour que son fils soit évalué en orthophonie. » Voyant ensuite que cette problémation la maintenait dans une structure de pression, elle a modifié ainsi son intention, indiquant une problémation plus favorable à la coopération : « Je veux que Madame T... fasse un choix éclairé. » Le second dialogue illustre des stratégies cohérentes avec cette nouvelle trajectoire.

Difficulté et problème

L'École de Palo Alto, sous le leadership de Paul Watzlawick, propose deux catégories de base pour nommer la situation que l'on rencontre dans le cadre d'une pratique professionnelle. Dans une de leurs publications, Watzlawick, Weakland et Fisch (1974) tentent de répondre à la question suivante : comment se forment et se résolvent les problèmes ? Ils font d'abord une distinction entre une difficulté et un problème. Pour eux, une difficulté est simplement une situation indésirable que l'on arrive soit à résoudre par les moyens de sens commun, soit à supporter parce qu'il n'existe pas de solution connue. Un problème fait référence à une impasse, à un cul-de-sac, un dilemme ou une situation que l'on a tenté de modifier à plusieurs reprises ; les divers moyens utilisés n'ont fait qu'aggraver ou compliquer davantage la situation. Pour Watzlawick et ses collègues, il importe, avant de s'engager dans une entreprise de changement, de bien savoir s'il s'agit d'une difficulté ou d'un problème. Cette distinction amène les auteurs à nommer deux types de changement, désignés respectivement comme un changement de premier ordre et un changement de deuxième ordre.

Pour résoudre une difficulté, les processus habituels de recherche de solutions paraissent adéquats parce qu'ils amènent les acteurs à demeurer à l'intérieur de la logique déjà existante ou à l'intérieur d'un ensemble de structures et de règles auxquelles ils sont habitués. Un changement est dit de premier ordre lorsqu'il améliore une situation à l'intérieur du cadre d'analyse déjà existant. On peut considérer que la boucle d'autorégulation de niveau I présentée au chapitre 2 est un changement de premier ordre. Le cadre d'analyse est déterminé par l'intention qui est maintenue et l'acteur modifie sa stratégie pour tenter d'obtenir l'effet visé.

Lorsqu'une personne, un groupe ou une organisation fait face à un problème, au sens proposé par Watzlawick, un ajustement ou un changement de premier ordre n'est pas approprié. En conservant le même cadre d'analyse, on risque de s'enliser davantage dans une situation insoluble. En pareil cas, la solution devient souvent le problème. Les acteurs sont en quelque sorte emprisonnés dans un *pattern* et toute tentative d'amélioration qui se fait à l'intérieur de cette structure deviendra « plus de la même chose ». Le changement de deuxième ordre est une modification du cadre d'analyse. Il ne consiste plus à chercher des solutions au problème mais à modifier la façon même de poser le problème ou la perception de la situation qui fait problème. On parle donc de recadrage pour décrire l'opération qu'un tel changement exige : « Recadrer signifie modifier le contexte conceptuel ou émotionnel d'une situation ou les deux, ou le point de vue selon lequel elle est vécue, en la plaçant dans un autre cadre qui correspond aussi bien, ou même mieux, aux faits de cette situation concrète dont le sens, par conséquent, change complètement » (Watzlawick *et al.*, 1975, p. 95). La boucle de rétroaction de niveau II, décrite au chapitre 2, est un exemple de recadrage : voyant que la correction des simples erreurs techniques ne fait qu'empirer le problème, l'acteur modifie complètement le cadre d'analyse en modifiant son intention. Le recadrage est souvent indispensable pour structurer une relation coopérative.

Dans le cas déjà cité de Doris, sa façon de poser le problème illustre la notion de recadrage. La mère de Marco reconnaît que son fils a des difficultés d'apprentissage, mais pour elle, c'est une difficulté qui doit se régler en classe : « Quand est-ce que vous allez lui apprendre à parler ? », demande-t-elle. Doris tente un recadrage, car elle voit un problème là où Madame T... ne voit qu'une difficulté : « Je fais ce que je peux en classe, mais je pense qu'il serait utile que Marco ait une évaluation en orthophonie. » Madame T... saisit bien le recadrage, mais persiste à vouloir résoudre une difficulté : « Comment ça, une évaluation ? Mon fils n'est pas malade. C'est pour ça qu'il vient à l'école, pour apprendre à parler. »

LA DÉFINITION DES CHAMPS DE COMPÉTENCE

L'ensemble des règles présentées dans les chapitres précédents suggère différents moyens de favoriser une relation coopérative. Celle de la non-ingérence est reliée à la définition même de la coopération. Une relation coopérative est possible lorsque trois conditions sont réunies.

1) *Les partenaires se concertent dans la poursuite d'un but commun.* Pour qu'il y ait coopération entre deux partenaires, il faut d'abord qu'il y ait un but commun, que les deux partenaires visent substantiellement la même chose. Que l'initiative de la relation vienne de l'acteur ou de l'interlocuteur, le but est toujours discuté et déterminé conjointement. Il fait l'objet d'un contrat implicite ou explicite entre l'acteur et l'interlocuteur. Cette première condition a déjà été introduite au chapitre 3 ; c'est la possibilité de poursuivre un but commun ; la règle du partenariat consiste à « chercher et nommer un intérêt commun ».

2) *Les partenaires se reconnaissent mutuellement un champ de compétence par rapport au but visé.* Lorsqu'on parle de compétence, on pense spontanément à un acteur qui a un statut d'expert dans un domaine particulier. Dans le modèle utilisé ici, le terme est pris dans son sens le plus large ; la compétence couvre tout « ce qui confère à une personne le droit et la possibilité de juger et de décider en certaines matières » (*Le Robert*). La coopération est possible si les deux éléments suivants sont présents : d'une part, l'acteur s'accorde un champ de compétence spécifique et exclusif par rapport à l'objet de la rencontre ; d'autre part, l'acteur considère que son interlocuteur a, lui aussi, un champ de compétence spécifique et exclusif. On peut se poser la question suivante pour déterminer s'il y a matière à coopération dans une situation particulière : « Est-ce que j'ai besoin de la compétence et des ressources de mon interlocuteur pour atteindre le but visé ? » Si la réponse est non, il est peu probable que la coopération soit possible.

3) *Il y a un équilibre du pouvoir, chacun exerçant une influence sur son partenaire en fonction de son champ de compétence.* Plus les partenaires d'une relation se perçoivent mutuellement comme compétents, plus ils acceptent de s'influencer : leurs intérêts convergent et ils ont besoin l'un de l'autre pour atteindre le but visé. La dernière condition pour maintenir une structure de coopération consiste à s'influencer en respectant trois champs de compétence : le champ de compétence exclusif de l'acteur, le champ de compétence exclusif de l'interlocuteur, et le champ de compétence partagé.

Lorsque les champs de compétence sont bien définis, la structure de coopération est maintenue dans la mesure où chacun évite de faire de l'ingérence dans le champ de compétence exclusif de son partenaire ; il en va de même aussi dans la mesure où chacun protège son propre champ de compétence exclusif, évitant d'être complice d'une ingérence que son partenaire pourrait commettre.

On parle d'ingérence lorsqu'un des partenaires ne respecte pas le champ de compétence de l'autre. On parle de complicité avec l'ingérence lorsqu'un des partenaires accepte ou encourage l'ingérence de l'autre.

L'équilibre du pouvoir, troisième condition pour qu'il y ait une relation coopérative, est réalisé lorsqu'il n'y a ni ingérence ni complicité avec l'ingérence. De plus, lorsqu'il intervient dans un champ de compétence partagé, chacun cherche le consensus plutôt que d'imposer son point de vue ou de contrôler la situation de façon unilatérale.

La règle de la non-ingérence établit un lien entre le respect des champs de compétence et la reconnaissance de ses limites. Dans une interaction, il arrive souvent que pour atteindre le but visé, l'acteur souhaite un changement de la part de son interlocuteur. Il est utile, dans ce contexte, d'être lucide sur la nature et les limites du pouvoir dont on dispose face à son interlocuteur.

Les éléments requis pour la coopération sont illustrés dans la figure 6.1, intitulée « La relation coopérative » ; elle reprend, pour l'expliciter, une partie du schéma de la figure 3.1 déjà présentée au chapitre 3. Le rectangle placé à droite rappelle la première condition : un but commun doit être défini. Les champs de compétence exclusifs à chacun sont représentés par les zones blanches des figures qui désignent l'acteur et l'interlocuteur. Le champ de compétence partagé est représenté par la partie tramée où les deux figures se recoupent. L'ampleur du recoupement peut varier selon les cas, comme l'indiquent les petits schémas en bas de la figure 6.1.

Ainsi, l'acteur qui veut être efficace dans sa communication, surtout s'il souhaite changer le comportement de son interlocuteur, a avantage à reconnaître les limites de son propre pouvoir — pouvoir d'autorité, pouvoir d'expert ou pouvoir personnel — et à confirmer celui de son interlocuteur. Dans l'action, le parent, le supérieur ou le professionnel avisés savent bien que leur autorité ou leur compétence est limitée par le pouvoir de celui qui désobéit, résiste au changement, fait de l'obstruction ou tout simplement oublie de faire ce qu'il avait pourtant promis de faire. Paradoxalement, plusieurs acteurs découvrent, comme Claudia dans le cas analysé plus haut, que plus ils évoquent leur autorité ou leur expérience et leurs habiletés pour obtenir un changement, moins ils obtiennent ce qu'ils souhaitent dans les situations où ils ne peuvent imposer physiquement leur volonté. Il s'agit là d'une des raisons expliquant le lien de corrélation positive qui existe entre une action efficace et la coopération. Lorsqu'une relation s'établit selon un mode coopératif, l'acteur reconnaît le champ de compétence de son interlocuteur et il peut l'influencer davantage en faisant appel à un choix personnel de la part de celui-ci qu'en voulant gagner à tout prix et avoir raison. À force d'argumentations ou de menaces, on peut « l'emporter » sur son interlocuteur ou gagner un débat, mais dans l'action, le perdant aura toujours tendance à utiliser son pouvoir personnel pour se reprendre, voire se « venger », s'il a eu l'impression de « se faire avoir ». Rappelons l'aphorisme de la règle du partenariat : « Pourquoi se battre lorsqu'on peut être alliés ? »

Figure 6.1
La relation coopérative

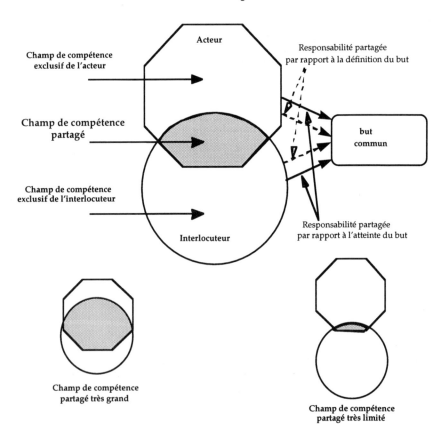

Le cas de l'Association des proprios

Monique est secrétaire-trésorière d'une petite association qui comprend douze propriétaires de terrains ou de résidences sur le bord du lac Profond. L'association comme telle est propriétaire d'une plage commune et d'un chemin privé. Les seules dépenses de l'association sont les taxes municipales et scolaires pour la plage et le chemin, ainsi qu'une assurance responsabilité civile. La cotisation de chaque membre est de 125 $ pour ces dépenses.

À l'assemblée annuelle, Monique a fait son rapport en soulignant qu'un membre de l'association, M. Paiepas, n'a pas payé sa cotisation pour l'année qui s'achève, malgré quelques rappels. C'est un propriétaire qui a acheté un terrain en vue de le revendre éventuellement ; il ne vient jamais sur sa propriété et ne participe pas aux réunions de l'association. Deux autres membres, sur les douze, sont dans une situation semblable, mais ils paient quand même leurs cotisations.

Selon les règlements de l'association, un membre qui ne paie pas sa cotisation peut être exclu de l'association, à la suite d'une décision majoritaire des membres présents lors d'une assemblée. Le cas échéant, il ne participe plus aux décisions concernant la réglementation que l'association peut se donner pour l'utilisation et l'aménagement de la plage et du chemin. Au cours de la discussion qui a suivi, un membre a fait remarquer que, si on exclut M. Paiepas, celui-ci ne perd pratiquement rien, car tout propriétaire qui possède un terrain dans ce développement a un « droit de passage » (inscrit dans l'acte de vente) sur le chemin privé et sur la plage commune pour avoir accès au lac. Un autre membre a cité un cas semblable vécu il y a quelques années : un propriétaire n'avait pas payé ses cotisations, mais lorsqu'il a vendu son terrain, son acheteur a exigé que les cotisations en retard soient payées pour être certain qu'on ne le pénaliserait pas lorsqu'il voudrait devenir membre de l'association.

Au terme de la discussion, on a donné à Monique un double mandat : 1) tenter d'obtenir de M. Paiepas les montants des deux cotisations, celle de l'année précédente qui n'a pas été payée et celle de l'année qui commence ; 2) faire savoir à ce propriétaire que, à défaut de payer ses cotisations, il sera exclu de l'association à une date que la secrétaire-trésorière déterminera elle-même.

Monique est une de vos amies et elle sait que vous vous intéressez à la praxéologie. Elle vous fait la demande suivante :

1)   Est-ce que je peux m'acquitter de mon mandat en utilisant une approche coopérative ?

2)   J'aimerais que tu me proposes un projet de lettre qui mettrait toutes les chances de mon côté.

Le lecteur qui désire vérifier sa compréhension des notions présentées dans ce chapitre est invité à procéder à l'exercice proposé dans l'encadré intitulé « Le cas de l'Association des proprios ». Après avoir pris connaissance des faits, il est invité à simuler une intervention où il mettra en application la règle de la non-ingérence. Il pourra critiquer ensuite son intervention en prenant connaissance du corrigé proposé à l'annexe 2.

Le lecteur qui a rédigé un cas personnel, selon la méthode proposée au chapitre 2, peut aussi faire un retour sur la situation qu'il a choisie pour y examiner la problémation, la définition implicite des champs de compétence et le partage du pouvoir. Il pourra ainsi découvrir s'il a commis de l'ingérence ou été complice de l'ingérence de son interlocuteur et, s'il y a lieu, chercher des moyens de corriger de telles erreurs.

CONCLUSION

Un praticien est un agent de changement. Il ne peut pas ne pas influencer son interlocuteur, mais il a le choix du type d'influence qu'il va exercer. S'il prend le temps de clarifier le type de pouvoir qu'il s'accorde et celui qu'il reconnaît à son interlocuteur, puis de procéder à une problémation qui fait appel à la compétence de son interlocuteur, il est en mesure d'appliquer la règle de la non-ingérence, de prendre sa place, toute sa place et rien que sa place.

Règle de la non-ingérence

Reconnaître ses limites et supprimer l'ingérence

Lorsque je vise un changement, je reconnais les limites de mon pouvoir, puis j'utilise celui-ci sans interférer avec le pouvoir de mon interlocuteur ; j'évite l'ingérence et la complicité avec l'ingérence pour favoriser les choix personnels.

Prendre sa place, toute sa place et rien que sa place.

LA RESPONSABILISATION

Chacun a le droit d'être ce qu'il est.

La dernière règle introduit, comme moyen de favoriser la coopération, la responsabilisation de chacun des partenaires. Elle invite le praticien à prendre en considération un facteur P (pour personnalité) ; elle affirme que plus l'acteur et l'interlocuteur agiront comme des individus autonomes, capables de faire des choix et de prendre leurs responsabilités, plus ils favoriseront une relation de cooopération.

Prendre en considération le facteur P, c'est se préoccuper de répondre aux besoins de chacun. Les règles précédentes ont fourni les moyens concrets permettant de favoriser la coopération ; la règle de la responsabilisation insiste davantage sur le cadre d'analyse du praticien, sur sa conception de la personne et sur des attitudes qui favoriseront la maîtrise des règles précédentes.

Le chapitre 7 propose d'abord une brève réflexion sur la notion de jugement en vue d'une utilisation coopérative des jugements que l'on porte dans une pratique professionnelle. Les trois éléments de la démarche de praxéologie — rendre l'action consciente, autonome et efficace — seront repris dans une perspective de responsabilisation, puis quelques moyens seront proposés pour favoriser l'application de cette règle.

LA NOTION DE JUGEMENT

La règle de la responsabilisation est rattachée, dans le métamodèle présenté au chapitre 1, à la dimension définie dans l'encadré intitulé « Le cadre d'analyse ».

Le cadre d'analyse

Tout praticien utilise un ensemble de normes et de valeurs à partir desquelles il porte des jugements — personnels, culturels ou professionnels — sur 1) l'individu ou le groupe auprès duquel il exerce sa pratique, désigné comme l'interlocuteur, 2) la situation qui a donné lieu à l'intervention et 3) le rapport entre l'interlocuteur et la situation ; cet ensemble de normes et de valeurs est désigné comme le cadre d'analyse du praticien.

L'expérience de la vie et la réflexion faite sur le phénomène humain en général ou sur des situations particulières amènent le praticien à se doter de catégories mentales qui servent à formuler rapidement des jugements sur les trois éléments suivants : l'interlocuteur (en tant que personne ou en tant que partenaire de la relation), la situation qui a conduit à l'intervention et le rapport entre l'interlocuteur et cette situation.

La culture de la pratique professionnelle ayant développé, au cours des dernières décennies, une norme de « non-jugement », plusieurs praticiens trouvent difficile de conceptualiser cette composante de leur pratique. Une clarification s'impose donc, au point de départ, pour dissiper l'ambiguïté de cette norme. Précisons que le terme jugement a plusieurs sens : il désigne tantôt la formulation d'une opinion favorable ou défavorable à l'égard d'un événement ou d'une personne et tantôt une activité mentale qui contribue au processus de la connaissance. Dans ce dernier sens, il n'est pas possible de ne pas juger ; le jugement est naturel ; il permet à une personne de se situer rapidement face à un événement ou face à une autre personne. Ne fait-on pas un compliment à une personne lorsqu'on dit d'elle qu'elle a un bon jugement ? À l'inverse, nul ne souhaite que l'on dise de lui qu'il n'a pas de jugement ou qu'il manque de jugement. Lorsqu'on demande à un praticien de « ne pas juger », on l'invite à s'abstenir de formuler des opinions personnelles qui seraient reçues comme des approbations ou des blâmes par son interlocuteur. La principale raison est que, dans le cadre d'une pratique, on cherche habituellement à favoriser l'autonomie de l'interlocuteur, celui-ci étant perçu comme compétent pour définir son propre système de valeurs et agir en fonction de ses propres jugements.

L'absence de jugement personnel est cependant compatible avec des jugements de réalité portant sur des faits. On décide, par exemple, de la responsabilité légale d'une personne en jugeant que tel événement est la conséquence d'une action de cette personne, et ce sans pour autant se prononcer sur l'aspect moral de cette action.

Sur le plan professionnel, l'utilisation du pouvoir d'expert de l'acteur consiste précisément à porter des jugements fondés sur un savoir dont la validité est établie. De plus, l'application même des règles précédentes implique une série de jugements. Ces jugements prennent ordinairement la forme d'opinions professionnelles portant sur le contenu ou sur le processus de l'interaction. Dans les cas analysés dans les chapitres précédents, toutes les interventions codées Ic (information sur le contenu) reposent inévitablement sur un jugement porté sur le contenu de l'interaction ; par exemple, le superviseur de Mélinda qui confirme son erreur stratégique ; Doris qui affirme à Madame T... la nécessité d'une consultation en orthophonie ; le conseiller pédagogique qui prédit à Camille le peu de chances d'obtenir à court terme le changement qu'il souhaite chez le professeur ; Claude qui corrige les perceptions erronées de Dominique au sujet des écoles publiques ; Claudia qui évalue les conséquences pour l'entreprise du comportement de Germain. Toutes les interventions codées Er contiennent, pour leur part, des jugements sur le processus : Sam qui interprète que les questions de Val au sujet des relations extra-maritales sont le reflet d'un problème qu'elle veut lui soumettre ; Claude qui affirme que Dominique est seule compétente pour prendre une décision et qui refuse en conséquence de « se mettre à sa place », etc.

La règle de la responsabilisation exige que l'on dissocie claire-ment le jugement professionnel du jugement de valeur, même dans les cas où on ne partage pas les valeurs de son interlocuteur. C'est le sens qu'il faut donner à la règle de la non-ingérence traitée au chapitre précé-dent. Ainsi, les acteurs des cas déjà analysés éviteront l'ingérence s'ils éliminent de leur dialogue tout jugement de valeur. Ils favoriseront ainsi la responsabilisation de leur interlocuteur ; par exemple, le superviseur de Mélinda évitera de lui reprocher son manque d'expérience ; Doris évitera d'insinuer que Madame T... est une mauvaise mère si elle refuse le traitement ; le conseiller pédagogique s'abstiendra de condamner les choix de son client pour une action politique ; Claude ne fera preuve d'aucun mépris pour le choix d'un école privée ; Sam s'abstiendra de reprocher à sa cliente sa difficulté à nommer clairement son problème ; Claudia, pour sa part, n'a pas résisté au jugement de valeur : « ce n'est pas une raison pour justifier tes propres erreurs » ; Monique évitera tout commentaire sur l'attitude « égocentrique » de M. Paiepas.

La frontière est souvent ténue entre un jugement professionnel et un jugement de valeur. Par exemple, combien de médecins peuvent résister à la tentation de blâmer le client qui n'a pas pris le médicament prescrit ? Pourtant, même dans les cas d'expertises aussi déterminantes que l'avis médical ou l'avis juridique, des professionnels connaissent plus de succès, à long terme, lorsqu'ils appliquent la règle de la responsa-bilisation. La difficulté vient en partie d'un manque d'habileté à distin-guer les types de pouvoir et à définir les champs de compétence respec-tifs. Pourtant, même après de nombreux efforts pour appliquer la règle de la non-ingérence, des praticiens ont constaté que leur difficulté était d'un autre ordre, ce qui les a amenés à porter une attention plus grande aux frustrations qu'ils vivaient par rapport à leurs propres besoins.

C'est ainsi que la règle de la responsabilisation amène le praxéo-logue à boucler la boucle en intégrant, dans un contexte d'une pratique, les trois éléments de toute démarche de praxéologie ; il est presque impossible de « respecter et se faire respecter » sans développer chez soi et favoriser chez son interlocuteur une action conscience, autonome et efficace.

UNE ACTION CONSCIENTE

Pour rendre une action consciente, il faut développer une capacité de recevoir sans la déformer toute l'information disponible dans son propre organisme et dans son environnement immédiat au moment de l'action. Cette aptitude est au cœur même de la réflexion sur l'action proposée au chapitre 2. Déjà le test personnel d'efficacité permet à l'acteur d'utiliser les réactions subjectives (codées en vert, en jaune ou en rouge) qu'il éprouve face à chaque repartie de son interlocuteur. On a vu toutes les difficultés que doit surmonter l'acteur qui veut nommer rigoureusement son intention ; il doit apprendre à distinguer les trois éléments que sont la stratégie, l'effet visé et le besoin auquel il cherche à répondre (sa motivation) ; il doit éviter la dispersion en développant une vision ajustée, soit en portant attention à l'effet immédiat sans se laisser distraire par l'effet à long terme ; il doit traduire son intention sous l'angle d'un comportement observable chez l'interlocuteur ; il doit enfin avoir le courage de laisser son comportement l'interpeller lorsqu'il devient évident que sa théorie pratiquée ne correspond pas à sa théorie professée. L'instrument de collecte de données invitait aussi l'acteur à se rappeler toutes sortes d'informations qui étaient présentes au cours de l'interaction, en vue d'une évaluation plus poussée. La « colonne de gauche » devient ainsi un bon moyen de laisser parler son organisme et de développer sa disponibilité.

La règle du partenariat (chapitre 3) invite l'acteur à évaluer ses intentions par rapport à la structure de la relation, à déterminer si sa perception de son interlocuteur permet de lui faire confiance au point de l'associer à un contrôle bilatéral de la relation, ou si, au contraire, il attend de celui-ci une soumission plus grande en maintenant une structure de pression ou de service ; c'est là un défi par rapport à sa disponibilité, dans un contexte où le contrôle unilatéral a mauvaise presse tout en étant pratiqué « en cachette », pour ainsi dire. La règle de la non-ingérence vient achever le travail de conscientisation en mettant l'acteur au défi de définir les champs de compétence sans tricher par rapport à la perception réelle qu'il a de son interlocuteur. Si Doris, par exemple, arrive à la conclusion que Madame T... est à ses yeux une mère incompétente, il vaut mieux qu'elle tente consciemment d'imposer sa solution, pour le bien de l'enfant, que de « faire comme si » elle désirait une coopération désormais impossible.

Les règles de l'alternance et de la concertation contribuent indirectement au travail de conscientisation en fournissant à l'acteur qui vise la coopération l'occasion de vérifier s'il est prêt à y mettre le prix. La coopération ne va pas de soi et l'acteur qui s'impose la discipline requise pour appliquer ces deux règles peut vérifier son degré de détermination à dépasser les limites du contrôle unilatéral. Enfin, l'utilisation de la méthode de décodage empathique, alternant avec une stratégie de facilitation, donne accès à une information plus variée et plus riche, surtout lorsque l'acteur apprend à décoder le mode affectif de son interlocuteur.

L'AUTONOMIE

Le deuxième élément d'une démarche de praxéologie est l'autonomie qui consiste à développer sa capacité de faire des choix personnels. Le test personnel d'efficacité est au service de l'autonomie. Comme on l'a vu dans le dialogue entre Mélinda et son superviseur, une réflexion sur l'action permet de soumettre à l'expérimentation les injonctions d'un « surmoi professionnel » plutôt que de s'y soumettre passivement. Au lieu de se limiter à reproduire ce que d'autres ont fait avant lui, par une critique objective basée sur le savoir reconnu, l'acteur est invité à introduire le facteur P dans sa recherche d'efficacité.

La règle du partenariat est aussi de nature à favoriser l'autonomie des partenaires, puisqu'elle invite à la recherche d'un intérêt commun sans tenir pour acquis que l'un des partenaires devra suivre l'autre passivement. La règle de la non-ingérence va plus loin, puisqu'elle invite à circonscrire les champs de compétence exclusifs précisément pour protéger l'autonomie de chacun.

La règle de l'alternance vise essentiellement un élargissement du répertoire de stratégies et, par conséquent, des choix plus nombreux : il a été établi qu'en tout point du dialogue, l'acteur dispose de quatre canaux de communication. Un calcul mathématique révèle que sur une séquence de seulement dix interventions, l'acteur qui dispose de quatre possibilités après chaque repartie de son interlocuteur aura choisi une intervention parmi 4 194 304 possibilités théoriques (croissance exponentielle du chiffre 4, soit 4^{10}). Avis à ceux qui souhaiteraient trouver dans les écrits scientifiques des règles assez précises pour leur dire ce qu'il faut faire à chaque moment d'une interaction. Tout praticien, si l'on peut dire, semble « condamné » à l'autonomie, mais une démarche de praxéologie peut l'aider à progresser de façon cohérente dans le développement de son répertoire de stratégies.

Enfin, la règle de la concertation vient traduire l'autonomie souhaitée dans une série de choix qui, dès l'entrée, permettra aux partenaires de partir ensemble sur une trajectoire qu'ils auront établie conjointement, trajectoire qui aura parfois été négociée comme dans les cas du conseiller pédagogique et de Sam, analysés aux chapitres 3 et 5.

Le danger d'en faire trop

La règle de la responsabilisation est l'occasion par excellence de tester sa capacité de favoriser l'autonomie de l'interlocuteur. Combien d'acteurs qui se sont imposé la discipline de la praxéologie ont constaté que leur plus grande difficulté dans une recherche de coopération est moins d'imposer leur point de vue que de vouloir en faire trop. Il est très difficile pour Doris, par exemple, dans le cas de Madame T..., de reconnaître que son rôle n'est pas de se substituer à la mère de Marco : son affection ou son souci pour le bien-être de l'enfant peut l'amener, bien malgré elle, à faire de l'ingérence à l'égard de la mère qui résiste, conduisant ainsi à sa propre inefficacité, comme on l'a vu au chapitre 3.

L'encadré intitulé « Le danger d'en faire trop » présente une situation où une infirmière a pris conscience, à son grand étonnement, qu'elle se rendait elle-même inefficace en voulant en faire trop. Elle mesura en même temps les effets pervers de la loi d'Argyris et Schön présentée au chapitre 2 ; cette infirmière professait une théorie qui mettait au premier plan l'autonomie de ses clients, alors qu'en examinant sa théorie pratiquée, elle constatait qu'elle n'avait jamais établi les frontières entre sa responsabilité professionnelle et celle de ses clients. Le dialogue reproduit ce que Blanche appelait sa frustration courante. On verra ensuite comment la réflexion faite à partir de cette situation a amené cette infirmière a réviser son mode d'interaction pour appliquer la règle de la responsabilisation.

Le danger d'en faire trop	Information :			
	Entretien :			
Blanche (infirmière)	Facilitation :			
M. et Mme Réticent	Réception :			

Intention : Dans cette interaction, je voulais ...
que M. ou Mme Réticent me dise qu'il ou elle se sent apte à refaire le pansement.

Le vécu :	Le dialogue :	R	F	Er	Ic
	[Cet après-midi, je dois visiter un nouveau client dans le cadre du service des soins à domicile. La prescription : pansement humide sur la jambe gauche, deux fois par jour.]				
	1. Bonjour Mme Réticent. Je suis Blanche, l'infirmière du CLSC. Je vous visite en rapport avec la demande de soins faite par votre médecin. Comment vous sentez-vous depuis votre sortie de l'hôpital ?		*F	Er	
Jaune	– Eh ! bien, je me sens plutôt faible.	a			
	2. Votre pansement à la jambe doit être refait deux fois par jour. Malheureusement, je ne peux venir qu'une fois par jour. Il est donc important que je puisse initier quelqu'un près de vous pour refaire le pansement. Peut-être pourriez-vous le faire vous même ?		(f)=	Er Er	*Ic
Rouge	– Ah ! non, il n'y a personne qui puisse faire ce pansement et moi j'ai peur à la vue de la plaie.	a			

Le mari me semble autonome et disponible, il peut certes refaire ce pansement assez simple.	3. Seriez-vous d'accord que votre mari soit initié pour refaire le pansement ?		(f)=	**Er**
Rouge	– Ah ! non, mon mari est bon à rien pour ces choses-là.	i r		
Je me dois encore une fois d'insister. C'est bien toujours la même chose. On résiste au départ, mais je sais qu'ils sont capables. *Jaune*	4. Je peux comprendre ; la plupart des gens sont plutôt anxieux dès les débuts mais je suis certaine que vous ou votre mari apprendrez facilement.			**Er**
	– [Hochement de tête ; silence]			
Par expérience, je sais que je me dois d'insister ; et ce presque malgré eux.	5. Où pourrait-on s'installer pour refaire le pansement ?			**Er**
Jaune	– Dans ma chambre, suivez-moi.	i		
	6. J'aimerais que votre mari soit présent. Est-ce possible ?			**Er**
Jaune	– « Gérard, viens ici »	i		
	7. Pourriez-vous vous allonger sur votre lit, ce sera plus facile ainsi (sourire).			**Er**
Jaune	– [Monsieur nous accompagne.]			
	– Très bien. J'espère que cela ne me fera pas mal.	a		
Je les sens anxieux et méfiants, mais jusqu'à présent, ils collaborent relativement bien.	8. Comment cela se passait-il lors des changements de vos pansements à l'hôpital ? Vous étiez souffrante ?		*F	
Jaune	– Oui, surtout lorsque le pansement était collé à la plaie. J'en garde un mauvais souvenir.	f a		

	9. Je vous donne alors un truc pour éviter que le pansement ne colle. Prenez cette seringue et remplissez-la d'eau, puis humectez le pansement. Après quelques minutes, le pansement se décollera.					*Ic
Ils semblent encore sceptiques et méfiants.	– [Le couple m'écoute attentivement.]					
Jaune	– Ah ! bon.	r				
	10. [Je décris la technique du pansement tout en le faisant.]					Ic
Encore un peu de temps et il sera prêt.	11. Alors, M. Réticent, si je le refais encore une ou deux fois avec vous dans les jours qui suivent, vous sentirez-vous apte à le refaire vous-même ? Je comprends vos craintes, mais je vous aiderai de mon mieux.		*F	*Er		
Rouge	– Bien, je ne sais pas vraiment ; j'aimerais mieux que vous veniez deux fois par jour.	i				
	12. M. Réticent, je suis persuadée que vous serez un excellent « infirmier » ; il suffit de vous laisser la chance d'apprendre et d'expérimenter cette technique de soins. Qu'en pensez-vous ?		*F		Er	
Rouge	– Je ne crois pas faire aussi bien que vous, etc. [Je suis retournée deux fois avant-hier et encore hier. J'y suis allée ce matin et je devrai y retourner ce soir. M. Réticent n'est plus présent et je ne réussis pas à obtenir	r				

	que quelqu'un d'autre refasse le pansement.]	r			
Nombre d'interventions codées = 17			4	10	3
Nombre d'entrées ou de sorties du canal F (*) = 7					
Pourcentage d'alternance = 7 / 17 = 42 %					

Lorsqu'elle a présenté ce cas dans un atelier de praxéologie, Blanche a d'abord analysé ses stratégies. On a reconnu un intérêt commun dans le fait de refaire le pansement deux fois par jour ; on constata une bonne alternance (42 %) et une utilisation de tous les canaux de communication ; l'entrée fut jugée convenable et les nombreux comportements codés en jaune par Blanche sont reconnus comme des indices de concertation.

Malgré un respect assez affirmé des règles précédentes, l'intervention était inefficace, car Blanche n'avait pas produit l'effet visé : « Je voulais que M. ou Mme Réticent me dise qu'il ou elle se sent apte à refaire le pansement. » On commença par utiliser la boucle d'autorégulation de niveau I en améliorant les stratégies. Plusieurs jeux de rôles faits par Blanche ou ses collègues n'apportaient aucune solution valable, jusqu'à ce qu'un membre du groupe pose la question suivante : qu'est-ce qui arriverait si tu n'y allais qu'une fois par jour ? Blanche répondit : « La plaie prendra plus de temps à cicatriser si personne ne refait le pansement une autre fois dans la journée. » Après avoir vérifié que cette possibilité n'allait pas à l'encontre de l'éthique professionnelle, on invita Blanche à modifier son intention, en accord avec la règle de la responsabilisation. On refit d'autres dialogues en redéfinissant les champs de compétence : il fut établi que Blanche s'en tiendrait aux contraintes institutionnelles qui lui accordent le temps d'une seule visite — elle mentionna à ce moment-là que le temps consacré à une deuxième visite s'ajoutait à sa journée normale de travail — contraintes qu'elle avait introduites dans le premier dialogue, en faisant son entrée (intervention n° 2). Blanche fit alors le choix de s'en tenir désormais à une seule visite ; elle réalisa que cela relevait de son champ de compétence exclusif et qu'elle n'était pas obligée d'être « complice de l'ingérence » que ses clients commettaient bien involontairement à son endroit en raison de leur anxiété. Blanche réalisa que, selon son expression, « elle se faisait avoir en raison de ses sentiments maternels ». Elle reconnut que souvent elle devenait agressive face à des clients qui « abusaient d'elle ».

On refit alors de nouveaux essais, en utilisant, cette fois, la boucle d'autorégulation de niveau II, à partir de la nouvelle intention formulée comme suit par Blanche : « ... que M. et Mme Réticent manifestent clairement qu'ils ont compris que désormais je ne viendrai plus deux fois par jour et qu'il leur appartient de trouver une solution pour le deuxième pansement. » Encouragée par les succès obtenus au cours de la session, Blanche décida de tester cette nouvelle approche dans la vie réelle puisqu'elle revoyait le couple immédiatement après la session. Elle partit, déterminée à annoncer à ses clients que désormais elle ne viendrait qu'une fois par jour, le matin. C'est ce qu'elle fit et, à la rencontre suivante de l'atelier de praxéologie, elle apporta au groupe le dialogue qui résumait cette visite ; celui-ci est reproduit dans l'encadré intitulé « Le succès de Blanche ».

Le succès de Blanche	Information :			
	Entretien :			
Blanche (infirmière)	Facilitation :			
M. et Mme Réticent	Réception :			
Intention : Dans cette interaction, je voulais ... que M. et Mme Réticent manifestent clairement qu'ils ont compris que désormais je ne viendrai plus deux fois par jour et qu'il leur appartient de trouver une solution pour le deuxième pansement.				

Le vécu :	Le dialogue :	R	F	Er	Ic
Monsieur n'est pas là, de toute façon, il n'assistait plus à mes démonstrations.	1. [Après les salutations d'usage] Mme Réticent, avant de commencer à refaire votre panse-ment, je voudrais vous avertir qu'à partir de demain je ne viendrai plus qu'une fois par jour, le matin.			Er	
Elle a compris, c'est déjà ça. *Jaune*	– Mais vous m'avez dit qu'il fallait deux pansements par jour pendant dix jours.	f			
	2. C'est juste ; c'est pourquoi je vous ai offert de vous montrer à vous ou à votre mari comment faire le pansement.			Er	
Rouge	– Ah ! non, je ne pourrai pas et mon mari n'est pas habile pour ce genre de choses.	a			
C'est dur, mais je ne lâcherai pas cette fois-ci.	3. Je comprends que cela ne soit pas facile, mais malheureusement à partir de demain, je ne pourrai venir qu'une fois par jour ?		*F	*Er	
Jaune	– [Silence].	a			

	4. [Je procède au changement de pansement.]				Ic
J'ai le sentiment qu'elle veut me communiquer qu'elle sera incapable de refaire le pansement. Rouge	– [Mme Réticent détourne les yeux.]	a			
J'espère qu'elle a compris mon message.	5. Voilà, je reviendrai demain matin, mais je ne pourrai pas venir demain soir comme je vous l'ai dit.			Er	
Vert	– Qu'est-ce que je vais faire demain soir si vous ne venez pas ?	r			
Faut pas que je me laisse apitoyer.	6. Je ne sais pas, mais si vous pensez à quelqu'un qui pourrait me remplacer, je pourrai lui montrer comment faire, demain matin. J'aimerais que vous y pensiez, êtes-vous d'accord pour y penser ?		*F	Er	
Jaune	– Il n'y a personne.	f			
J'ai le sentiment de la laisser tomber.	7. Bonsoir, Mme Réticent, je vous reverrai demain matin.			*Er	
Jaune	– Bonsoir.				
Mme Réticent a l'air heureuse ce matin...	[Le lendemain matin, j'arrive et une voisine est présente.]				
Vert	– C'est ma voisine, Madame Samaritain, qui accepte de faire le pansement.				
Je suis heureuse de ce dénouement.	8. Très bien. Je vais le faire lentement et vous montrer comment faire.			Er	
Nombre d'interventions codées = 10		2	7	1	

Nombre d'entrées ou de sorties du canal F (*) = 4

Pourcentage d'alternance = 4 / 10 = 40 %

LA SATISFACTION DES BESOINS

Le troisième élément d'une démarche de praxéologie est l'efficacité. Par définition, toutes les règles formulées dans les chapitres précédents sont reliées d'une façon ou d'une autre à la recherche d'efficacité. La règle de la responsabilisation ajoute un élément spécifique ; elle associe l'efficacité à la satisfaction des besoins de chacun des partenaires.

Cette règle fournit ainsi l'occasion de terminer l'analyse des intentions amorcée au chapitre 2. Déjà on a constaté, dans le principe de l'autorégulation, que le besoin (l'élément « motivation ») est une composante incontournable de l'intention. La règle de responsabilisation propose de considérer chaque personne comme un être autonome qui a des besoins à satisfaire. L'acteur est invité à accepter les signes de frustration qu'il éprouve au cours d'une interaction ; c'est une façon de reconnaître ses besoins. Il peut ensuite passer du mode affectif au mode rationnel en se posant la question suivante : « Pourquoi ce qui me choque me choque-t-il ? » La responsabilisation commence donc par la capacité de reconnaître ses propres besoins pour y trouver une réponse adéquate ; elle se prolonge dans la capacité de reconnaître chez l'interlocuteur la présence de besoins qui lui sont propres et son « droit d'être ce qu'il est ».

En lui fournissant des indices précis des différents besoins de l'organisme humain, le résumé suivant d'une théorie psychologique de la motivation humaine aidera l'acteur à appliquer la règle de la responsabilisation. Cette théorie propose une classification des besoins dans cinq catégories qui, théoriquement, devraient regrouper tous les besoins humains. Cette classification a été construite à partir de données recueillies au moyen d'instruments tels que questionnaires, tests psychologiques, grilles d'observation, interviews, etc. (voir St-Arnaud, 1982). Dans la vie quotidienne, chacun vit des besoins particuliers qui reflètent son histoire bien personnelle : c'est le niveau[1] où « chacun est unique ». Une observation minutieuse permet cependant de déceler des régularités grâce auxquelles les personnes peuvent être comparées entre elles. On utilise le terme « structure motivationnelle » pour parler de cette dimension où « chacun est semblable à certains autres individus à l'intérieur de l'espèce ». Enfin, une troisième dimension correspond à l'énoncé des besoins naturels ou généraux qu'on s'attend à retrouver chez toute personne en santé. C'est l'aspect par lequel « chacun est semblable à tous les autres individus de son espèce ».

Plusieurs théories de la personnalité ou de la motivation énoncent des lois du développement basées sur la satisfaction des besoins (voir Buck, 1976 ; Weiner, 1980, Vallerand et Thill, 1993). Dans leur théorie, certains auteurs se réfèrent à un seul besoin fondamental ; d'autres théories classiques de la motivation ont poussé beaucoup plus loin l'analyse de ces indices. Par exemple, celle de Maslow (1970) propose

---

1. Cette distinction de trois niveaux d'analyse est empruntée à Kluckhohn, C. et Murray, H. (1956).

une hiérarchie des besoins basée sur la distinction entre les besoins par manque et les besoins de croissance (voir Goble, 1970). Nuttin (1980), pour sa part, décrit avec une grande précision comment se réalise la différenciation des besoins au cours du développement normal d'une personne et quels sont ceux dont la satisfaction est nécessaire au développement de la personnalité. La grille proposée ici s'inspire de l'ensemble de ces théories, mais elle s'en éloigne aussi en raison du fait qu'elle vise à fournir une liste qui aidera l'acteur à mieux exercer la règle de la responsabilisation. Plusieurs. formulations abstraites, proposées dans un cadre théorique particulier, ont été abandonnées et remplacées par une description expérientielle. La liste est présentée dans l'encadré intitulé « Typologie des besoins naturels ».

Typologie des besoins naturels

Type 1.   Le bien-être : besoins liés à la santé et au plaisir.

Type 2.   La sécurité : besoins liés à l'argent et à la sécurité matérielle.

Type 3.   La considération : besoins dans le domaine de l'affection.

Type 4.   La compétence : besoins dans le domaine de l'action.

Type 5.   La cohérence : besoins dans le domaine de la connaissance.

Définitions des besoins

Pour cerner la notion de besoin, il convient d'apporter certaines précisions. Cette notion est tantôt utilisée pour décrire une expérience vécue dont la personne est parfaitement consciente : « J'ai besoin de... » ; tantôt elle est utilisée, au sens d'un des dictionnaires de la langue française les plus connus (Le Robert) pour décrire « une exigence née de la nature ou de la vie sociale » ; dans ce dernier cas, le besoin ne se manifeste pas toujours dans le champ de la conscience. Par exemple, les infirmières, dont une partie de la tâche consiste à évaluer les besoins de leurs patients, disposent de grilles d'analyse dont les éléments ne font pas toujours référence à l'expérience telle que vécue par le patient. Le besoin de s'alimenter, par exemple, ne signifie pas toujours le désir de manger. Si je lis dans un traité sur la nutrition que mon organisme a besoin de telle vitamine ou si un examen médical révèle que je manque de fer ou de quelque autre élément requis pour ma santé physique, il est évident que cela résulte d'une lecture externe de ma réalité et que mon besoin est présent même si je ne l'éprouve pas consciemment. Le besoin est « une exigence de ma nature », mais je l'ignore tant qu'une lecture extérieure de ma réalité ne m'a pas renseigné sur ce besoin et sur l'importance d'y répondre.

Pour résoudre la difficulté que crée cette double signification du mot « besoin », la notion d'intention est utilisée, de préférence, pour décrire les manifestations de la motivation humaine. Selon que l'intention est d'origine plus rationnelle, on parle de « projet » ; selon que l'intention est d'origine plus affective, on parle de « désir ». Projets et désirs peuvent ainsi être considérés comme la manifestation, dans le champ de la conscience d'une personne — dans son expérience quotidienne —, des différents besoins de son organisme. Le terme « habitude » est utilisé, quant à lui, lorsqu'un besoin guide une action à l'insu de la personne qui agit. Lorsque le mot « besoin » sera employé pour décrire une expérience consciente, on parlera plutôt d'un désir ou d'un projet. Ainsi une personne peut avoir besoin de manger et satisfaire son besoin par habitude en prenant ses repas à des heures fixes ; si le besoin n'est pas satisfait à temps, le désir de manger apparaîtra : la personne pourra alors exprimer son besoin en nommant son désir : « j'ai le goût de manger » ou « j'ai faim ». Les besoins se manifestent par des désirs lorsque la personne est en mode affectif et ouverte aux messages de son organisme ; ils se manifestent par des projets, lorsque la personne est davantage en mode rationnel.

Cette triple manifestation des besoins s'applique aux cinq types de besoin. Par exemple, un besoin de cohérence, s'il n'est pas satisfait par les simples habitudes d'une personne, pourra susciter un désir de lire différentes choses ; il pourra aussi aboutir à un projet de s'inscrire à des cours dans un domaine particulier. En décrivant l'expérience sous l'angle d'un projet, d'un désir et en utilisant le concept d'habitude lorsque l'intention n'est pas consciente, on dispose de trois manifestations différentes du besoin de l'organisme. Chacun peut ainsi établir son profil de motivation en étant, d'une part, ouvert aux manifestations conscientes de ses besoins, à ses désirs et à ses projets, et en réfléchissant, d'autre part, à ses habitudes de vie.

La définition utilisée ici s'inscrit dans ce que Nuttin (1980) a appelé « une conception relationnelle de la motivation ». Selon cette conception, la personne n'est jamais considérée comme une entité indépendante de l'environnement : « Le sujet fait partie intégrante d'une unité fonctionnelle et bipolaire que nous appelons l'unité individu-environnement (I-E) et en dehors de laquelle il n'existe pas. » (p. 64) Dans ce contexte, le besoin est défini comme une exigence de l'organisme qui oriente l'action en vue d'une relation précise entre la personne et son environnement. Chacun des cinq types de besoin de la typologie précisera cette relation.

Le bien-être (type 1)

Les besoins de type 1 (le bien-être) sont très bien connus grâce aux connaissances de la psychophysiologie. Des centres nerveux précis et des modifications hormonales sont directement associés à chacun de ces besoins. La notion de plaisir est directement associée à ce type de besoin, car c'est à travers l'expérience générale du plaisir que l'organisme est

renseigné sur son bon fonctionnement. Le médecin se réfère régulièrement aux manifestations de ces besoins pour diagnostiquer une bonne
ou une mauvaise santé. Sur le plan psychologique, le plaisir des sens
apparaît aussi comme un signe positif par rapport à l'autodéveloppement. Tout besoin de type 1 est défini comme « une exigence de l'organisme qui oriente l'action en vue d'établir une relation entre l'individu et
un objet, une personne ou un événement (nourriture, lit confortable,
activité physique, activité sexuelle), dont la perception prend la forme
d'une sensation de plaisir (goût, bien-être et, de façon générale, toute
expérience dite sensuelle) ». On dit de ces besoins qu'ils sont liés à la
santé et au plaisir. C'est une façon de les identifier à partir de l'effet
produit dans l'organisme lorsque les buts sont atteints. C'est là une
précision importante, car si le plaisir (ou la santé) devient lui-même le
but poursuivi, on ne peut plus l'atteindre. Frankl (1969) a très bien établi
cette distinction :

> Normalement, le plaisir n'est pas le but des efforts de l'homme.
> Il en est plutôt — et doit le demeurer — un effet, ou de façon
> plus spécifique l'effet secondaire du fait qu'un but est atteint.
> L'atteinte d'un but constitue une raison pour être heureux. En
> d'autres mots, s'il y a une raison d'être heureux, le bonheur en
> résulte (*ensues*) automatiquement et spontanément. C'est
> pourquoi nul n'a besoin de poursuivre (*pursue*) le bonheur ; nul
> n'a besoin de s'en préoccuper dès qu'il a une raison d'être
> heureux. Mais il y a plus : on ne peut poursuivre le bonheur.
> Dans la mesure où quelqu'un fait du bonheur l'objet de son
> attention, il perd précisément de vue la raison du bonheur et le
> bonheur lui-même s'évanouit.

La sécurité (type 2)

Tous les besoins de type 1 orientent l'organisme vers des objets
ou des événements qui entraînent une sensation immédiate de plaisir.
D'autres actions ne peuvent s'expliquer de façon aussi simple. Par exemple, lorsqu'un individu se construit (ou achète) une maison, on peut dire
que les intentions sous-jacentes à ces comportements sont liées indirectement au plaisir et à la santé. Comme les besoins de type 1 font partie de
la vie quotidienne et sont conçus comme essentiels à la survie, chacun
prévoit des moyens pour les satisfaire à long terme. La sécurité matérielle est donc reliée indirectement à la satisfaction des besoins de type 1.

Un besoin de type 2 est défini comme « une exigence de l'organisme qui oriente l'action en vue d'une relation avec un objet, une personne ou un événement dont la perception apporte l'assurance d'une
satisfaction à long terme des besoins physiques ». Dans une société
moderne, l'objet le plus recherché est l'argent ; les événements sont les
opérations financières ou les activités rémunérées. Le terme assurance
utilisé dans la définition évoque une institution sociale (assurance-vie,
assurance-salaire, assurance-n'importe quoi) qui repose précisément sur
la présence des besoins de sécurité matérielle.

Une précision supplémentaire s'impose en ce qui a trait aux besoins de sécurité. Ce terme est souvent employé pour désigner d'autres expériences que celles dont il est question dans le type 2 décrit ici. Dans une expérience classique, Harlow (1962) a comparé chez des bébés singes l'attrait d'une « mère de broche » qui fournit la nourriture au moyen d'un biberon et l'attrait d'une « mère moelleuse » recouverte de tissus agréables au toucher. Il a montré qu'en cas de danger, le bébé se dirige spontanément vers la mère moelleuse, associée à la sécurité selon Harlow. D'autres recherches (voir Zazzo et al., 1974) ont montré également que des enfants deviennent anxieux s'ils perdent le contact visuel avec la mère lorsqu'ils se déplacent pour explorer un lieu inconnu. Le besoin de sécurité dont on parle dans ces différents contextes n'entre pas dans la catégorie des besoins de sécurité matérielle. On parle plutôt de sécurité psychologique. Certains aspects de ces expériences entrent dans la définition des besoins de type 1, lorsque la perception d'un objet ou d'un événement est directement associée à un plaisir sensuel (comme dans le cas de la mère moelleuse). D'autres aspects de la sécurité psychologique seront traités dans la description des besoins des autres types, soit les types 3, 4 et 5.

La considération (type 3)

La description des besoins psychologiques pose de nombreux problèmes de vocabulaire. Plusieurs théoriciens considèrent qu'il est impossible de procéder à une analyse rigoureuse des expériences associées à ce genre de besoins. Par exemple, le béhaviorisme classique les considérait tout au plus comme de simples manifestations secondaires d'habitudes acquises par le renforcement des comportements associés aux besoins de type 1. La psychanalyse traditionnelle y a vu une sublimation des besoins qui restent fondamentalement associés à la recherche du plaisir (la libido) et ne dépassent pas le premier type de besoin. Malgré les difficultés réelles de l'analyse, d'autres psychologues n'ont jamais renoncé à mettre de l'ordre dans l'expérience associée aux besoins psychologiques.

Dans la grille employée ici, trois catégories précisent des relations que l'individu établit avec son environnement dans le domaine de l'affection (type 3), dans le domaine de l'action (type 4) et dans le domaine de la connaissance (type 5). Le domaine affectif demeure sans doute celui qui pose le plus de problèmes sémantiques. Le mot « amour », à lui seul, a toujours suscité des débats opiniâtres dans le contexte de la psychologie scientifique. L'acharnement de certains théoriciens à nier l'existence même d'un besoin d'aimer et d'être aimé — c'est, par exemple, la position de Ellis (1973, 1977), popularisée au Québec par les volumes de Auger (1974, 1977, 1979) — illustre bien les difficultés méthodologiques que fait surgir l'étude des expériences liées à la vie affective.

Pour les praticiens, un fait est certain : des milliers de personnes viennent consulter parce qu'elles ne parviennent pas à satisfaire ce qu'elles appellent leurs besoins d'affection. On peut tenter de reformuler de telles plaintes, de les traduire dans un langage plus technique, commandé par les *a priori* d'une approche particulière, mais le praticien ne doute pas qu'il existe dans ces expériences des signes précis d'exigences naturelles de l'organisme humain.

La difficulté de traiter des besoins liés au domaine affectif commence avec l'emploi du mot lui-même. Si on consulte *Le Petit Robert*, on trouve dans ce dictionnaire de la langue française deux définitions différentes du mot affection : 1) « état affectif, état psychique accompagné de plaisir ou de douleur » et 2) « sentiment tendre qui attache à quelqu'un ». On parle d'affect dans le premier cas et d'affection dans le second. Lorsqu'on aborde l'analyse des besoins de type 3, il est employé en référence à la deuxième définition, pour désigner un type de relation avec des personnes. Pour éviter la confusion, les besoins de type 3 seront définis sans utiliser les termes « aimer » et « être aimé » et sans référence à l'affection ressentie par le sujet qui vit de tels besoins. Le terme « considération » a été choisi parce qu'il permet de couvrir toute la gamme des exigences qui guident l'action d'une personne dans le domaine affectif ; partant du besoin élémentaire d'être respecté pour aller jusqu'au besoin de se trouver dans une relation amoureuse intime et privilégiée, en passant par les besoins d'estime, de valorisation, d'admiration, de compassion, de cordialité, d'amitié, etc. Le besoin de considération est défini comme « une exigence de l'organisme qui oriente l'action en vue d'une relation personnelle avec un partenaire en présence duquel on se sent bien d'être ce qu'on est ». La personne qui recevra une réponse favorable à son besoin de considération pourra toujours dire « je me sens bien », ou « je me sens à l'aise » en présence de cette personne.

Cette définition ne règle pas tous les problèmes (il reste beaucoup à faire avant de circonscrire l'expérience affective), mais elle est suffisante pour identifier les indices précis de responsabilisation dans ce domaine. Il faut préciser cependant de quel bien-être il s'agit. À la limite, devrait-on dire qu'on aime la personne qui, au restaurant, dépose un plat succulent devant soi ? La définition précise que le bien-être n'est pas relié à ce que fait l'autre (par exemple déposer devant moi un mets succulent), mais à la simple présence de cette personne. La définition précise encore qu'il s'agit d'une relation personnelle, éliminant ainsi les rapports anonymes et le genre de bien-être que certains ressentent lorsqu'ils sont dans une foule. Enfin, la notion de partenaire (comprenons partenaire affectif) vient préciser le type de relation dont il s'agit ; c'est un terme qui évoque un lien assez étroit pour que chacun ait des attentes face à l'autre, dans le domaine affectif.

La compétence (type 4)

Dans l'abondante documentation qui traite de la motivation et de la personnalité, les besoins du domaine affectif ont souvent eu la vedette. On continue à associer le développement psychologique à la satisfaction des besoins de considération. D'autres besoins ont aussi fait l'objet de recherches et ils peuvent fournir d'autres indices de responsabilisation dans le domaine de l'action ou, plus précisément, dans le contrôle que l'individu exerce sur son environnement. Depuis longtemps, la recherche sur les animaux avait permis d'identifier des besoins qu'on ne pouvait attribuer à des mécanismes aussi précis que ceux de la faim ou de la soif. On a montré que la curiosité, la stimulation sensorielle, l'activité corporelle et la manipulation d'objets sont des facteurs importants de motivation. À première vue, ces besoins pourraient entrer dans la description générale des besoins de type 1. Mais ces recherches (faites selon la tradition expérimentale la plus pure) ont contribué à faire éclater le cadre restreint des théories homéostatiques pour expliquer le comportement motivé. Elles ont facilité le rapprochement entre la recherche expérimentale et les théories du développement humain. Un concept clé, dans ce secteur de la recherche, est celui de compétence proposé par White (1959) pour intégrer les recherches sur la motivation. Cette notion de compétence fait aujourd'hui partie du vocabulaire scientifique. Buck, dès 1976, y consacrait un chapitre complet d'un de ses ouvrages. Plus récemment, les théories de Deci et Ryan (1985) ont associé étroitement l'autodétermination et la compétence. Voici comment Pelletier et Vallerand formulent cette évolution de la recherche :

> Enfin, il semble opportun d'ajouter que certains auteurs ont établi un lien étroit entre les besoins de compétence et d'autodétermination. Par exemple, Angyal (1941) a proposé que le développement humain était caractérisé par un mouvement vers une plus grande autonomie et qu'un tel mouvement était tributaire du développement continuel des compétences de la personne. En d'autres termes, la personne doit avoir la compétence nécessaire pour s'autodéterminer dans ses diverses transactions avec son environnement. Sinon, l'environnement risque de contrôler la personne et sa démarche vers l'autonomie sera ralentie ou carrément arrêtée. Par ailleurs, Deci (1975), et Deci et Ryan (1985) présentent la position complémentaire de celle d'Angyal en soutenant qu'afin de se développer de façon harmonieuse et complète, l'être humain doit viser une compétence autodéterminée. Sans cette autodétermination sous-jacente aux perceptions de compétence, la force motivationnelle de la personne se trouve diminuée. (p. 253)

Dans la grille des indices d'autodéveloppement, un besoin de type 4 est défini comme suit : « une exigence de l'organisme qui oriente l'action en vue de maîtriser par l'action (verbale ou non verbale) une partie de son environnement ».

La cohérence (type 5)

L'étude d'un dernier secteur de l'activité humaine apporte un cinquième type d'indices permettant d'évaluer la démarche de responsabilisation. Il n'est pas toujours facile de distinguer le domaine de la connaissance du domaine de la réalisation, surtout lorsqu'on se réfère à une théorie de l'intelligence comme celle de Piaget qui est essentiellement basée sur l'activité sensori-motrice.

Cependant, sur le plan de la motivation la distinction est utile, car elle fournit des indices particuliers de responsabilisation. Le terme « cohérence » est utilisé pour regrouper les besoins de type 5. Un besoin de cohérence est défini comme « une exigence de l'organisme qui oriente l'action en vue d'avoir accès à des sources de connaissances permettant d'organiser de façon significative les perceptions qu'on a de soi-même et de l'environnement dans lequel on vit ». La définition suppose, ici comme ailleurs, qu'il y a une relation entre l'individu et son environnement, mais la relation s'établit de façon symbolique ; elle se fait par la médiation des représentations mentales : fantaisies, images, concepts. Cette relation s'apparente en partie à la relation décrite dans le type précédent (besoin de compétence), car on peut considérer que le but visé est une certaine forme de maîtrise de son environnement ; toutefois elle s'en distingue également, car la maîtrise ne se fait plus par l'action verbale ou non verbale, mais par une activité intérieure qu'on ne peut pas toujours observer directement dans le comportement.

De tous les besoins inclus dans la grille d'analyse, le besoin de cohérence est le plus difficile à observer : l'exigence n'a pas toujours un effet extérieur, elle n'entraîne pas toujours un déplacement dans l'espace. Un besoin de considération entraîne une interaction ; un besoin de compétence se traduit par un mouvement qui consiste à réaliser quelque chose ; par contre, un besoin de cohérence a souvent comme effet de ralentir toutes les autres activités : ce peut être un mouvement pour s'isoler, se tranquilliser ou faire le vide, de façon à favoriser un état de conscience favorable à la réflexion. Par ailleurs, le ralentissement des activités n'est pas un indice suffisant pour identifier le besoin de cohérence, puisque souvent, c'est par une activité rythmique ou dans des discussions avec d'autres personnes que l'on cherche à répondre à un tel besoin. On sait combien il est difficile de déterminer, dans une conversation, si l'intention d'un acteur est de répondre à des questions qu'il se pose ou de contrôler l'autre ou encore de se sentir valorisé par l'autre. Dans ce contexte, on cite souvent le comportement de l'enfant qui pose beaucoup de questions à une étape de sa vie : l'âge du pourquoi. Là encore, il est très difficile de savoir si c'est un besoin d'ordre affectif que l'enfant éprouve (besoin d'attention, de considération) ou un besoin explicite de cohérence. Chez l'adulte, la différenciation est possible et utile, car une partie importante des activités d'une personne peut être consacrée à la satisfaction des besoins de cohérence. Nuttin (1980), dans son étude exhaustive de la motivation humaine, conclut ainsi la partie de son traité concernant cet aspect de la motivation :

> En un mot, il y a lieu d'admettre que l'homme est motivé à se construire — ou à démolir — un système de référence intégral qui le renseigne sur sa place et celle des choses dans l'ordre réel. Il tend à attribuer une « valeur de réalité » aux conceptions — fussent-elles agnostiques — qu'il accepte en cette matière. Une

fois acceptée, une telle conception globale tend à se maintenir et se défendre contre des perceptions discordantes (Festinger, Riecken et Schachter, 1956). En acceptant ou en niant la valeur de telles conceptions générales, l'homme cherche, apparemment, à donner à sa vie une certaine consistance interne et un sens, grâce au contact qu'il établit ainsi avec « l'ordre réel ». C'est en vertu du même souci de réalité que certains se refusent à de telles conceptions qu'ils appellent illusoires. Le souci profond de rejoindre la réalité des choses paraît être un trait important de la motivation humaine au niveau supérieur de son développement cognitif. (p. 181)

Les théoriciens et les praticiens regroupés sous l'étiquette de la psychologie existentielle ont aussi contribué à identifier ces besoins. Frankl (1967) a basé toute son approche thérapeutique, la logothérapie, sur la capacité de donner un sens à sa vie. À l'inverse, on pourra conclure que l'incapacité de donner un sens (sentiment de vide ou d'absurdité) indique un mauvais fonctionnement d'une personne dans sa démarche de responsabilisation.

La hiérarchie des besoins

Bien que tous les besoins définis dans le profil de motivation aient leur importance, on reconnaît que dans une situation particulière certains de ces besoins auront la priorité. On parle d'une hiérarchie des besoins pour souligner que les besoins liés au bien-être deviennent prioritaires s'ils sont frustrés au-delà d'un certain seuil. Une personne qui au même moment est épuisée de fatigue et s'ennuie d'une personne qu'elle n'a pas vue depuis longtemps commencera normalement par dormir pour retrouver l'énergie requise pour répondre à d'autres besoins. Il en est ainsi de la personne qui est affamée et qui a « soif » de connaissances : avant de se plonger dans la lecture d'un livre pouvant satisfaire son besoin de cohérence, elle commencera par manger. Cette hiérarchie n'est pas absolue et il faut prendre en considération le seuil de tolérance à la frustration d'une personne et son degré de discipline personnelle pour déterminer lequel de ses besoins sera prioritaire, mais la hiérarchie établie ici prédit que dans les situations limites, les besoins d'un niveau inférieur auront priorité sur les besoins d'un niveau supérieur.

Dans la figure 7.1, intitulée « La hiérarchie des besoins », on distingue trois niveaux : le premier est celui des besoins de bien-être, le second est celui de la sécurité matérielle et le troisième est celui dit des besoins psychologiques. Malgré de nombreuses tentatives des chercheurs pour déterminer si l'un ou l'autre des besoins de ce niveau s'avère plus important que les autres, on n'a jamais réussi à établir une telle hiérarchie. C'est pourquoi les trois besoins de type 3, de type 4 et de type 5 sont représentés sur un même plateau.

L'encadré intitulé « Identification des besoins » présente des énoncés qui peuvent aider un acteur à développer sa disponibilité par rapport à ses propres besoins, en réfléchissant sur les frustrations qu'il peut éprouver dans une interaction. On indique d'abord un comportement ou une attitude de l'interlocuteur qui provoque en soi une réaction émotive négative : quelque chose que l'on n'aime pas, qui heurte, blesse, suscite en soi de l'impatience, de l'antipathie, de la colère, de l'agressivité ou toute autre réaction qui indique une frustration.

On peut aussi utiliser ces énoncés pour développer sa capacité de décodage empathique en cherchant les réponses que son interlocuteur donnerait à ces mêmes questions, lorsqu'on a l'impression d'avoir provoqué chez lui une frustration. Cela devrait faciliter l'application de la règle de la responsabilisation qui veut donner à chaque personne le droit d'être ce qu'elle est.

Figure 7.1
La hiérarchie des besoins

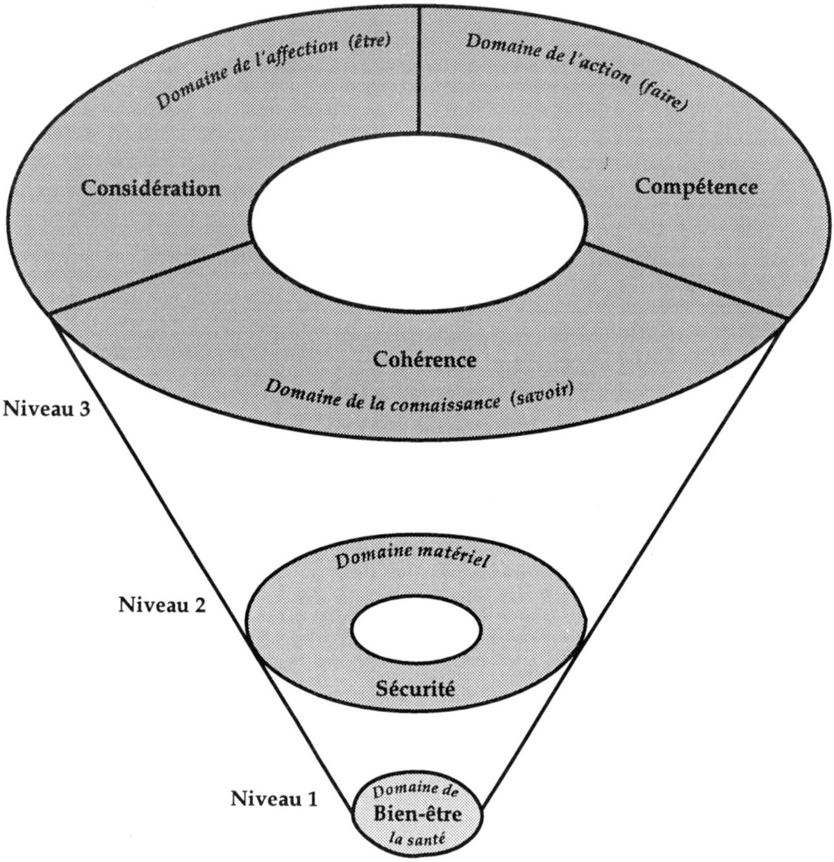

Identification des besoins

Cela me choque lorsque...

En se référant à la présentation de la hiérarchie des besoins, on peut cocher la ou les cases qui décrivent le mieux le type ou les types de besoins qui sont à l'origine de cette réaction.

[ ] 1. J'estime qu'en agissant ainsi mon interlocuteur heurte en moi directement ou indirectement un besoin relié à mon bien-être physique (j'éprouve un déplaisir physique ; ce qui se passe peut affecter ma santé ; etc.).

[ ] 2. J'estime qu'en agissant ainsi mon interlocuteur heurte en moi directement ou indirectement un besoin relié à ma sécurité matérielle (je crains des répercussions sur le plan de mes revenus, d'une promotion possible, de ma sécurité d'emploi, etc.).

[ ] 3. J'estime qu'en agissant ainsi mon interlocuteur heurte en moi directement ou indirectement un besoin dans le domaine affectif ; un besoin de considération (je ne me sens pas respecté ou respectée comme personne).

[ ] 4. J'estime qu'en agissant ainsi mon interlocuteur heurte en moi directement ou indirectement un besoin dans le domaine de l'action ; un besoin de compétence (je me sens inefficace, impuissant ou impuissante ; j'ai le sentiment de ne pas réussir).

[ ] 5. J'estime qu'en agissant ainsi mon interlocuteur heurte en moi directement ou indirectement un besoin dans le domaine de la connaissance ; un besoin de cohérence (je n'arrive pas à donner un sens à qui se passe ; c'est illogique ou irrationnel).

CONCLUSION

La règle de la responsabilisation introduit un élément nouveau dans la recherche d'efficacité : la nécessité de tenir compte du facteur P, qui est la personnalité de chacun. Elle dirige l'attention sur les besoins de l'acteur et sur ceux de l'interlocuteur, car à travers ces besoins, on peut avoir un accès rapide et direct au facteur P. Elle fournit également une clé importante pour comprendre plusieurs des difficultés que l'on rencontre lorsqu'on tente d'appliquer toutes les règles précédentes. L'attitude que l'acteur adopte face à son interlocuteur détermine en grande partie la possibilité de reconnaître les signes d'une intention irréaliste, d'établir un partenariat, de respecter le principe de l'alternance, de faire une entrée pour bien partir ensemble et d'éviter l'ingérence.

Un praticien est avant tout une personne qui réagit aux événements en fonction d'un système de valeurs qui se concrétisent dans les attitudes qu'il adopte face à ses interlocuteurs. Il ne peut pas ne pas juger. Il ne suffit pas de professer des valeurs de tolérance, de respect mutuel et de responsabilisation pour être efficace. L'acteur qui développe sa disponibilité, sa capacité de faire des choix personnels et son efficacité dans l'action en arrive logiquement à la conclusion que « chacun a le droit d'être ce qu'il est », selon la maxime qui traduit la règle de la responsabilisation. Il lui restera à développer sa façon à lui de respecter ses interlocuteurs tout en se faisant respecter lui-même.

Règle de la responsabilisation

Respecter et se faire respecter

Je nous traite, mon interlocuteur et moi, comme des êtres uniques, capables de faire des choix personnels.

Chacun a le droit d'être ce qu'il est.

CONCLUSION

LES LIMITES DE LA PRAXÉOLOGIE

Au terme de la présentation d'une méthode de praxéologie, il convient de souligner qu'aucune règle de conduite, si pertinente soit-elle, ne peut offrir une garantie d'efficacité. Un dernier cas, présenté dans l'encadré intitulé « Le retard de Dominique », servira à illustrer une situation où, malgré une application rigoureuse de toutes les règles proposées, un praticien n'a pas réussi à produire les effets visés au cours de son intervention.

Terminer par un cas d'inefficacité rappelle que dans le domaine de la pratique professionnelle, il n'y a ni magie ni miracle. La compétence du praticien, sur le plan de la relation, consiste à faire tout ce qui relève de lui pour changer une situation jugée insatisfaisante, et cela implique la reconnaissance de ses erreurs pour les corriger ; mais au-delà de cette compétence, on doit reconnaître que certaines situations ne peuvent tout simplement pas être changées pour des facteurs qui échappent au contrôle de l'acteur.

Le lecteur se rappellera que dans la réflexion sur l'action, qui a fait l'objet du chapitre 2, trois causes d'inefficacité étaient proposées : dans le cas qui suit, on verra que le consultant, après avoir corrigé ses erreurs techniques (première cause) et ses erreurs d'intention (deuxième cause), se trouve, malgré tout, dans l'impossibilité de produire l'effet visé. Il attribue alors son manque d'efficacité à la troisième cause : des facteurs qui échappent à son contrôle. Ce dernier cas, présenté dans l'encadré intitulé « Le retard de Dominique », soulignera une des habiletés requises chez un praticien : son seuil de tolérance à la frustration.

Le retard de Dominique

Dominique, Claude et Carole sont trois professionnels qui travaillent dans un centre de services sociaux. En plus de rencontrer individuellement des clients, les trois forment un comité de coordination.

Chaque lundi, le comité se réunit pour prendre connaissance de sept à huit dossiers de nouveaux clients qui ont fait appel aux ressources du centre, au cours de la semaine précédente. Les membres du comité doivent prendre des décisions concernant la façon de répondre à ces nouveaux clients. Par exemple, ils décident s'il y a urgence, ou si on peut placer ces clients sur une liste d'attente, ou s'il y a lieu de diriger les clients vers d'autres professionnels pratiquant en dehors du centre : médecin, psychiatre, conseiller en orientation, conseiller matrimonial, sexologue, etc. Pour faire son travail, le comité dispose de rapports rédigés par d'autres professionnels qui, au cours de la semaine précédente, ont fait des entrevues d'accueil avec ces clients potentiels.

Les trois membres du comité font des entrevues individuelles de 9 h 00 à 11 h 00 le lundi matin ; ils se réunissent ensuite de 11 h 00 à 12 h 00 ; après la réunion, ils ont d'autres engagements et, lorsqu'ils doivent dépasser 12 h 00, ils sont tous pénalisés. Dominique arrive souvent en retard de 10 à 15 minutes. La conséquence est que le groupe doit ensuite travailler sous pression pour couvrir tous les dossiers. Aucun dossier ne peut être reporté à une réunion subséquente en raison d'une politique du centre selon laquelle tout client doit recevoir une réponse dans la semaine qui suit l'entrevue d'accueil.

Dominique, Claude et Carole ont déjà discuté du problème à trois reprises. La première fois, Dominique a reconnu les inconvénients de ses retards, a fait des excuses et a annoncé son intention d'être à l'heure. La semaine suivante, Dominique était à l'heure ; l'autre semaine, retard de 5 minutes ; la fois suivante, retard de 15 minutes. À son arrivée, Carole lui a dit avec impatience : « Dominique, as-tu l'intention de recommencer à nous faire attendre ? » Dominique a d'abord réagi de façon défensive, disant qu'il n'est pas toujours possible de finir à l'heure avec certains clients, mais il est résulté de cet échange un nouvel engagement : « Je vous promets de faire l'impossible pour être à temps désormais. » La fois suivante, Dominique est à l'heure mais Claude a cinq minutes de retard ; par la suite, les retards de Dominique recommencent. Un mois plus tard, Dominique arrive avec 15 minutes de retard. Cette fois, Carole éclate et l'engueule. Dominique promet à nouveau de faire un effort mais Carole répond : « Je ne te crois plus ! Tu nous as déjà fait des promesses et ça recommence tout le temps. »

Claude suggère alors de consulter un professionnel qui est présent dans leur organisme pour une autre activité. Les autres acceptent. Claude rencontre le consultant pour lui décrire la situation. On a convenu d'une rencontre d'autorégulation d'une demi-heure où on cherchera ensemble à trouver une solution à ce problème. La rencontre entre Claude et le consultant Kim a permis de définir les contraintes suivantes qu'il faudra respecter dans la recherche d'une solution :

— On ne peut diminuer le nombre de dossiers à traiter.

— Il n'est pas possible de changer le moment ni la durée des rencontres hebdomadaires.

— Au cours de la rencontre hebdomadaire, les décisions doivent être prises à trois sur chacun des dossiers, car une décision dans un cas a des conséquences pour les décisions sur les autres cas.

— Il est impossible de modifier la charge de travail pour que des membres du groupe soient libérés de leurs engagements professionnels entre 9 h 00 et 11 h 00.

— On ne peut changer la composition de l'équipe, car il existe une rotation selon laquelle les trois personnes actuelles sont désignées sur ce comité pour un an. Elles ont commencé leur mandat il y a trois mois.

— On ne peut remettre en question le mandat du comité en déléguant, par exemple, la responsabilité des décisions à une ou deux personnes.

Ce cas a été présenté par un consultant nommé Kim à la suite d'un atelier de praxéologie. Il considère que cette interaction n'a pas été efficace en bonne partie pour des facteurs qui échappaient à son contrôle, mais il souhaitait recevoir le point de vue d'un collègue praxéologue. Après avoir pris connaissance des informations que Kim a lui-même fournies et qui sont reproduites dans l'encadré intitulé « La préparation de Kim » et du cas reproduit dans l'encadré intitulé « L'échec de Kim », le lecteur est invité à évaluer l'intervention de Kim par rapport aux différentes règles qui font l'objet de cet ouvrage. Un questionnaire d'évaluation est proposé dans l'encadré intitulé « Évaluation du cas Kim ». Le lecteur pourra ensuite comparer son analyse avec le corrigé proposé à l'annexe 2.

Préparation de Kim

Solutions : Sur le plan du contenu, je voyais trois solutions :

1) Dominique modifie son comportement et convainc les autres que désormais elle sera à temps.

Je ne crois pas personnellement à cette solution, car la pratique antérieure a démontré l'utopie d'un changement durable chez Dominique (changement de premier ordre selon Watzlawick, qui dirait sans doute que dans ce cas la solution devient le problème, *more of the same*).

2)   Dominique lit les dossiers avant la réunion, de sorte que son retard n'affecte plus le travail de l'équipe.

Objectivement, c'est la solution qui me semble découler logiquement de ce que nous apprend la pratique antérieure (nombreuses tentatives infructueuses pour obtenir la ponctualité de Dominique), mais cela suppose que tous les membres, y compris Dominique, acceptent de déroger à une norme culturelle habituelle que Dominique enfreint en arrivant en retard.

3)   Le groupe reconnaît que les changements requis sur le plan des personnalités ne sont pas réalistes et il fait le choix du *statu quo* : retard périodique de Dominique, colère périodique de Carole et travail sous pression dans les occasions où Dominique sera en retard. Même si on accepte que logiquement la solution n° 2 est la meilleure, est-ce que Carole pourra accepter que Dominique déroge à la norme sociale de la ponctualité ? Est-ce que Carole acceptera d'aller contre ses principes ? Si « chacun a le droit d'être ce qu'il est », cela devra valoir pour Carole aussi bien que pour Dominique.

C'est la solution du moindre mal, mais si les facteurs de personnalité empêchent la solution n° 2, on aura quand même amélioré la situation si on reconnaît et accepte qu'il n'y a pas de solution.

Si aucune de ces trois solutions n'est retenue, je considérerai cette interaction comme un échec, à moins que les protagonistes ne trouvent une autre solution à laquelle je n'ai pas pensé et qui me paraîtra réaliste.

Intention : L'effet que je veux obtenir est que les trois membres de l'équipe et moi-même exprimions une satisfaction par rapport à une solution que nous aurons apportée au problème.

Stratégie : J'essaierai d'abord de recadrer le problème pour éviter de centrer l'attention sur « le retard de Dominique » ; j'introduirai la solution qui me paraît la plus satisfaisante, je les aiderai à s'approprier cette solution ou à faire un choix différent.

L'échec de Kim	Information :		
	Entretien :		
Acteur : Kim, consultant	Facilitation :		
Interlocuteur : Groupe de professionnels	Réception :		
Intention : Dans cette séquence d'interaction, je voulais... que chacun des membres se dise satisfait de la solution que nous aurions trouvée au problème.			

Le vécu :	Le dialogue :	R	F	Er	Ic
Quand on m'a parlé de la situation, on parlait toujours du « retard de Dominique ».	1. [Après les salutations d'usage] Claude m'a exposé la situation qui fait problème ; je vais vous dire comment je la comprends et j'aimerais que vous me disiez si ma formulation vous convient.				
J'espère qu'ils vont accepter mon recadrage.	Vous vous réunissez chaque semaine pour discuter des dossiers de clients ; votre temps est très limité et lorsqu'un membre du groupe arrive en retard, vous devez travailler sous pression pour compléter le travail dans le temps qui reste. Est-ce que cela vous semble bien nommer le problème que vous cherchez à résoudre ?				
Pour Carole, le problème est vraiment « le retard de Dominique ».	– Carole : Le problème, c'est que c'est toujours la même personne qui arrive en retard.				

C'est intéressant. Claude travaille déjà dans la piste que j'ai proposée.	– Claude : [S'adressant à moi] Je suis d'accord avec votre formulation du problème. Il est arrivé que l'on ait très peu de dossiers à traiter et même si Dominique était en retard, cela ne faisait pas problème parce qu'on finissait quand même à midi.
Je me sens prudent. Je sens beaucoup d'agressivité chez Carole à l'égard de Dominique.	2. Bon. J'aimerais vous dire comment je vois ce qu'on peut faire aujourd'hui. Vous avez déjà essayé plusieurs moyens pour trouver une solution et, à première vue, le problème semble insoluble. Je ne sais pas si nous pouvons trouver une solution vraiment satisfaisante pour chacun d'entre vous. Je vous propose quand même d'essayer à nouveau et si, au terme de cette rencontre, nous n'avons rien trouvé, peut-être que vous devrez conclure qu'il n'y a rien à faire. Est-ce que cela vous convient ?
Bon, ça progresse.	– [Les membres se disent d'accord.]
J'espère qu'en parlant de Claude plutôt que de Dominique, Carole pourra aussi faire un effort pour chercher des solutions.	3. Je vous propose un exercice. Imaginez que Claude vous annonce aujourd'hui que, la semaine prochaine, il a un engagement à l'extérieur et arrivera à la réunion avec 15 minutes de retard ; la question que je vous

pose est la suivante : qu'est-ce qui pourrait être fait pour que vous ne soyez pas obligés de travailler sous pression pendant les 45 minutes qui resteront, en supposant que vous aurez autant de dossiers à traiter que d'habitude ? J'aimerais que chacun prenne une minute pour y penser. [Après une minute] Est-ce que vous avez trouvé quelque chose ?

– Dominique : Bien, au moins je me sentirai moins coupable si j'arrive en retard.

– Carole : Bien, moi, je ne viendrai pas niaiser ici pendant 15 minutes. J'arriverai à 11 h 15, mais c'est clair qu'on va devoir travailler sous pression. La seule différence, c'est que cette fois ce ne sera pas à cause de Dominique, mais à cause de Claude. Au moins, si on le sait d'avance, c'est moins pire.

C'est pas un succès...

Je vais faire une autre tentative en étant le plus descriptif possible.

4. Vous ne voyez aucun moyen pour éviter de travailler sous pression. J'aimerais quand même que nous regardions ce qui se passe lorsque tout le monde est à l'heure et qu'est-ce qui se passe lorsqu'un membre du groupe arrive en

retard. J'ai essayé de me représenter la situation. Dites-moi si je me représente bien ce qui se passe : vous entrez dans la pièce et la secrétaire a déposé sur la table les 7 ou 8 dossiers que vous devez traiter. Je suppose qu'il vous faut environ 10 ou 15 minutes pour lire ces dossiers sur lesquels vous avez des décisions à prendre. Après cela, vous discutez et vous prenez des décisions que vous notez dans les dossiers. Donc, en temps normal, une fois que chacun a lu les dossiers, vous avez besoin d'échanger pendant environ 45 minutes pour ne pas travailler sous pression. Si un membre du groupe arrive en retard, même si les deux autres ont commencé à lire les dossiers avant son arrivée, il faut attendre que la personne en retard ait lu tous les dossiers avant de commencer la discussion et donc vous travaillez sous pression. Est-ce que je me représente bien ce qui se passe ?

– [Les membres acquiescent.]

Je suis content de cette solution qui me semble résoudre le problème tel que je l'ai formulé au début.

5. J'ai une suggestion à faire. Comme les dossiers sont tous terminés le vendredi qui précède, serait-il possible pour une

	personne qui risque d'être en retard de neutraliser les effets de ce retard en lisant les dossiers avant la réunion hebdomadaire ?
Bravo ! Cette fois on y est.	– Dominique : Oui, c'est possible. Je peux arriver dix minutes plus tôt le lundi matin. Le matin, je n'ai pas de difficulté ; c'est avec les clients que j'ai de la difficulté à finir à temps les entrevues.
Merde ! Là, je pense qu'on n'en sortira pas.	– Carole : Je ne suis pas d'accord. Ce serait l'encourager à être en retard et moi je ne marche pas. La réunion est à 11h00 et il faut qu'elle s'arrange pour être à l'heure
Pour Carole, c'est Dominique le problème.	
C'est l'escalade. Plus on insiste, plus Carole se durcit.	– [Plusieurs tentatives infructueuses de Claude et de Dominique pour convaincre Carole que le retard est un moindre mal, si au moins on arrive à travailler sans pression.]
Je ne crois pas qu'on puisse aller plus loin.	6. Bon, écoutez, le temps que nous nous étions donné est écoulé. Je constate que nous n'avons pas réussi à trouver une solution satisfaisante pour chacun. Je comprends en particulier que Carole ne veut pas être « complice » du retard de Dominique, pour reprendre son expression. Peut-on quand même retenir que si Dominique fait

	de la prévention et lit les dossiers avant 11h00 lundi matin, on aura amélioré la situation ?				
	– [Silence de Carole mais les deux autres acquiescent.]				
Nombre d'interventions codées = Nombre d'entrées ou de sorties du canal F (*) = Pourcentage d'alternance = / = %					

Évaluation du cas Kim

1. L'intention de Kim était la suivante : « que chacun des membres se dise satisfait de la solution que nous aurions trouvée au problème. »

    Kim a-t-il été efficace (principe de l'autorégulation) ?

    [ ]   OUI   (Expliquez le critère d'efficacité utilisé.)

    [ ]   NON   (Indiquez la cause de l'inefficacité.)

2. Kim a tenté de trouver un intérêt commun pour l'ensemble des membres du groupe (règle du partenariat).

    A-t-il réussi ?

    [ ]   OUI   (Expliquez en indiquant les numéros d'interventions qui illustrent sa réussite.)

    [ ]   NON   (expliquez en indiquant les numéros d'interventions qui illustrent sa non-réussite.)

3. Indiquez dans les colonnes, à droite du dialogue, les stratégies utilisées par Kim et calculez le pourcentage d'alternance (règle de l'alternance) :

    A)   Nombre de codes inscrits dans les colonnes =

    B)   Nombre d'entrées et de sorties du canal de facilitation (*) =

    C)   Pourcentage d'alternance (B / A) =

4. Kim a-t-il fait une bonne entrée (règle de la concertation) ?

    [ ]   OUI   (Indiquez les numéros d'interventions qui correspondent à l'entrée.)

    [ ]   NON   (Indiquez ce qu'il aurait dû faire pour faire une bonne entrée.)

5. Citez un passage où Kim montre qu'il applique la règle de la non-ingérence.

6. Citez un passage où Kim montre qu'il applique la règle de la responsabilisation.

ANNEXE 1

QU'EST-CE QUE LA SCIENCE-ACTION ?

La notion de science-action est utilisée par Chris Argyris[1] « dans le but de développer un savoir qui soit utile, valide, descriptif de la réalité humaine et sociale et source d'informations sur la façon de changer cette réalité[2] ». Pour Donald A. Schön[3], « la science-action est une façon d'introduire dans l'univers scientifique des situations qui, en raison de leur unicité, de leur degré élevé d'incertitude et de leur instabilité, ne permettent pas l'application des théories et des techniques de la science traditionnelle[4] ».

Les énoncés qui suivent proposent une définition de la science-action basée sur les écrits de Kurt Lewin[5], de Chris Argyris et de Donald A. Schön[6] ainsi que sur les travaux personnels de l'auteur réalisés au Québec au cours des dernières années[7].

---

1. Chris Argyris est consultant organisationnel et professeur au Harvard Business School.
2. Argyris, C., Putnam, R. et McLain Smith, D. (1985), *Action Science*, San Francisco : Jossey-Bass, p. X.
3. Donald A. Schön est professeur au *Department of Urban Studies and Planning* du *Massachusetts Institute of Technology*.
4. Schön, D. A. (1983), *The Reflective Practitioner*, New York : Basic Books, p. 319.
5. Argyris et Schön considèrent Kurt Lewin, le père de la dynamique des groupes, comme un précurseur de la science-action. Lewin, K. (1948), *Resolving Social Conflicts*, New York : Harper & Row ; Lewin, K. (1951), *Field Theory in Social Science*, New York : Harper & Row.
6. Argyris et Schön sont collègues et coauteurs de plusieurs écrits, dont un volume qui fait état des recherches qui les ont conduits à la science-action : Argyris, C. et Schön, D. A. (1974), *Theory in Practice : Increasing Professional Effectiveness*, San Francisco : Jossey-Bass.
7. L'auteur s'est initié à la science-action au cours d'un séjour d'un an à l'Université Harvard, en 1984-1985, invité par Chris Argyris à titre de *visiting*

Les trois premiers énoncés définissent, sur le plan théorique, chacune des composantes de l'expression science-action ; les deux derniers décrivent deux champs d'application : l'intervention professionnelle et la recherche scientifique.

UNE DÉFINITION EN TROIS VOLETS

Les mots « science » et « action », réunis par un trait d'union (-), désignent respectivement un savoir issu de l'action et utilisable dans l'action, une interaction axée sur l'autodétermination et un mode de pensée scientifique dans l'action.

1) Un savoir issu de l'action et utilisable dans l'action (science)

Le mot science évoque d'abord un contenu, un savoir qui est un produit de l'action et utilisable dans l'action[8] ; le principe épistémologique de la science-action est le suivant : l'action est source de connaissance, principe qu'on retrouvait déjà dans l'expression suivante, attribuée à Kurt Lewin : « Une des meilleures façons de comprendre une réalité, c'est d'essayer de la changer. »

La visée de la science-action, sur le plan épistémologique, est d'enrichir les sciences humaines en faisant émerger le savoir implicite — par exemple une théorie de l'action[9] ou un modèle d'intervention préconceptuel[10] — contenu dans l'action humaine.

---

scholar. Il a présenté les travaux de ces deux chercheurs dans *Connaître par l'action* (1992), Montréal : Les Presses de l'Université de Montréal.

8. Argyris, C. (1980), *Inner Contradictions of Rigorous Research,* New York : Academic Press : « Partant du fait que la pratique est le point de départ et le point d'arrivée de la recherche, la première caractéristique de la science-action est de produire un savoir qui conduit à la compréhension et à la prédiction permettant de planifier puis d'agir dans un contexte d'action. » (p. 179)

9. Argyris, C. et Schön, D.A. (1974), *Theory in Practice : Increasing Professional Effectiveness,* San Francisco : Jossey-Bass : « Tout être humain… a besoin de devenir compétent dans son action et, simultanément, dans la réflexion sur son action de façon à apprendre à partir d'elle. Les pages qui suivent proposent un cadre de référence théorique pour faciliter cette tâche en analysant les théories de l'action qui déterminent tout comportement humain délibéré, comment ces théories sont formées, comment elles en arrivent à changer et en quels sens elles peuvent être considérées comme adéquates ou inadéquates. » (p. 4)

10. Schön, D.A. (1983), *The Reflective Practitioner,* New York : Basic Books : « Dans ce volume, je propose une épistémologie de la pratique basée sur un examen minutieux de ce que certains praticiens — architectes, psychothérapeutes, ingénieurs, planificateurs et gestionnaires — font en réalité… Je pars du postulat que les praticiens compétents en connaissent ordinairement plus que ce qu'ils peuvent en dire. Ils font preuve d'une sorte de « savoir-dans-l'action » (*knowing-in-practice*) dont la plus grande partie est tacite. » (p. VIII)

2) Une interaction axée sur l'autodétermination (action)

La science-action est indissociable d'une action qui a pour but d'améliorer une réalité humaine et sociale ; elle se fait toujours dans le cadre d'une interaction[11] axée sur l'autodétermination.

La science-action présume que l'activité humaine n'est pas déterminée uniquement par l'hérédité et l'environnement ; elle postule chez l'acteur une capacité de faire des choix personnels[12], et considère que ces choix sont un facteur déterminant de la réalité humaine et sociale dans laquelle on vit[13]. L'énoncé de base de la science-action est que « toute action est intentionnelle[14] ».

Le principe de l'autodétermination affecte aussi l'interlocuteur : théorie de l'action dite du modèle II qui favorise l'information valide, le choix informé et la responsabilité[15] ; définition de la coopération qui préconise la poursuite de buts communs, la reconnaissance des champs de compétence et l'équilibre du pouvoir[16].

3) Un mode de pensée scientifique dans l'action (-)

Les mots science et action ont servi à relier deux univers : la science et l'intervention. Le trait d'union rend compte de l'originalité à laquelle prétend la science-action par rapport à ces deux univers.

---

11. Argyris, C., Putnam, R. et McLain Smith, D. (1985), *Action Science*, San Francisco : Jossey-Bass : « La science-action s'intéresse à la question suivante : comment les êtres humains planifient-ils *(design)* et exécutent-ils leur action lorsqu'ils sont en relation les uns avec les autres ? » (p. 4)
12. St-Arnaud, Y. (1982a), Le facteur d'incertitude en psychologie, *in Revue québécoise de psychologie*, vol. 3, n° 2.
13. Argyris, C. (1983), *Reasoning, Learning, and Action*, San Francisco : Jossey-Bass Publishers : « Le but ultime de la science-action est de produire des généralisations valides sur la façon d'élaborer et de réaliser ses intentions dans la vie quotidienne. » (p. 469)
14. Argyris, C. (1990), *Overcoming Organizational Defenses*, Boston : Allyn and Bacon : « Planifier et exécuter une action pour produire un effet visé, puis contrôler cette action pour apprendre jusqu'à quel point l'effet visé a été produit font partie des activités humaines de base. » (p. 10)
15. Argyris, C. (1990), *Overcoming Organizational Defenses*, Boston : Allyn and Bacon : « Le modèle II est une nouvelle théorie pratiquée. Les valeurs qui guident une interaction de modèle II sont de l'information valide, un choix informé et la responsabilité qui consiste à vérifier si l'action est à la hauteur du choix fait. Les personnes cherchent à produire toute l'information possible reliée à un problème ou à un sujet. Ils sont orientés vers l'apprentissage. La raison d'un tel partage d'information est de rendre les choix ou les décisions aussi bien informés que possible... Enfin, les individus sont considérés comme responsables de leurs décisions ; cette responsabilité inclut la vérification de la qualité de la mise en œuvre, de façon à découvrir et à corriger les erreurs. » (p. 104)
16. Voir les chapitres 6 et 9 de cet ouvrage.

Le trait d'union rappelle la constatation, faites par plusieurs chercheurs, d'une similitude entre le mode de pensée ordinaire que l'on utilise dans la vie quotidienne et le mode de pensée scientifique[17]. Cette caractéristique permet de concevoir un système d'activité original qui, à l'instar de n'importe quelle intervention, tente de changer une situation jugée insatisfaisante dans des conditions de vie réelle, tout en procédant d'une façon qui réponde aux critères de la pensée scientifique.

Pour Chris Argyris, ce mode de pensée prend la forme d'un « raisonnement productif » lorsqu'il est mis au service du modèle II décrit plus haut : « Les acteurs deviennent capables d'énoncer clairement et explicitement leurs prémisses et leurs inférences. Ils développent des conclusions que l'on peut soumettre à la vérification publique... Pendant l'action, les acteurs réfléchissent sur leur action en portant attention à leurs pensées et à leurs émotions. Ils tiennent des conversations privées avec eux-mêmes dans le but d'être aussi clairs que possible au sujet des positions qu'ils défendent et au sujet des évaluations et des attributions qu'ils font. Les acteurs sont constamment à la recherche des écarts ou inconsistances et ils encouragent les autres à faire de même. Ils combinent enfin l'initiative et la réceptivité concernant toute confrontation des points de vue exprimés, des évaluations et des attributions[18] ».

Pour Donald A. Schön, c'est la réflexion dans l'action qui apporte à l'action la rigueur qu'on attend d'une activité scientifique : l'expérimentation continuelle permet de tenir compte du caractère unique de chaque situation[19].

---

17. Argyris, C. (1980), *Inner Contradictions of Rigorous Research*, New York : Academic Press : « Revenons à l'observation que tout être humain partage avec l'homme de science les mêmes capacités de traitement d'information et les mêmes défis dans la planification de ses actions. [Note :] c'est une perspective partagée par Bandler et Grinder (1975) ; Berger et Luckmann (1967) ; Broadbent (1971) ; Bruner, Oliver et Greenfield (1966) ; Cicourel (1973) ; Geertz (1973) ; Heider (1958) ; Kelley (1955) ; Kelley (1971) ; Lewin (1951) ; Miller (1956) ; Polanyi (1967) ; Salancik et Pfeffer (1978) ; Schutz (1967) ; Simon (1969) ; Watzlawick, Veavin et Jackson (1967) ; Weick (1969) ; Weizenbaum (1976) ; Wexler et Rice (1974). » (p. 11)

18. Argyris, C. (1990), *Overcoming Organizational Defenses*, Boston : Allyn and Bacon, p. 105.

19. Schön, D. A. (1983), *The Reflective Practitioner, How Professionnals Think in Action*, New York : Basic Books : « Le [praticien-]chercheur qui réfléchit-dans-l'action se livre à une sorte de jeu avec la situation, jeu où il est lié par des considérations reliées à trois niveaux d'expérimentation — l'exploration, l'expérimentation par l'action et la vérification d'hypothèses. Son intérêt premier est de changer la situation. Mais s'il ignore les résistances au changement, il tombe dans une simple prédiction auto-réalisante (*self-fulfilling prophecy*). Il expérimente rigoureusement lorsqu'il tente de conformer la situation à la représentation qu'il s'en fait tout en demeurant réceptif aux indices qu'il n'y parvient pas. Sa réflexion sur la résistance de la situation doit lui permettre d'apprendre que son hypothèse est inadéquate, et en quoi ; ou que sa formulation du problème est inadéquate, et en quoi... » (p. 153)

Le trait d'union désigne un mode de pensée scientifique dans l'action qui ne doit pas être confondu avec les tentatives de la science appliquée ou de la recherche-action pour créer des ponts entre deux univers autonomes, celui de la science et celui de la pratique[20].

DEUX CHAMPS D'APPLICATION

La science-action prend des formes différentes selon qu'elle se fait dans le contexte d'une intervention professionnelle[21] qui ne vise rien d'autre qu'un changement de situation, ou selon qu'elle se fait dans le contexte d'une activité de recherche scientifique qui vise une certaine généralisation.

L'intervention professionnelle

Comme méthode d'intervention, la science-action consiste essentiellement à créer les conditions requises pour que les acteurs concernés par une situation qu'ils veulent changer puissent réfléchir sur leur action, évaluer l'efficacité de cette action, découvrir les causes de leur manque d'efficacité et inventer des stratégies plus efficaces[22].

La science-action est née et s'est développée aux États-Unis dans les domaines de la consultation organisationnelle[23] et de la formation

---

20. Voir St-Arnaud, Y. (1992), *Connaître par l'action*, Montréal : Les Presses de l'Université de Montréal : chap. 1 : Un nouveau discours de la méthode, p. 23 à 49.

21. Schön, D. A. (1983), *The Reflective Practitioner*, New York : Basic Books : « Le contexte de la pratique est différent du contexte de la recherche sous plusieurs aspects importants qui concernent tous le rapport entre changer les choses et les comprendre. Le praticien a un intérêt pour changer une situation, pour passer de ce qu'elle est à quelque chose qu'il préfère. Il a aussi un intérêt pour comprendre la situation, mais cet intérêt est subordonné à son intérêt pour le changement. » (p. 147)

22. Argyris, C., Putnam, R. et McLain Smith, D. (1985), *Action Science*, San Francisco : Jossey-Bass : « Celui qui pratique la science-action est un intervenant qui cherche à aider des systèmes clients. Cette aide consiste à créer, dans l'univers comportemental du système client, des conditions favorables au questionnement et à l'apprentissage. Les améliorations durables exigent du praticien de la science-action qu'il aide ses clients à se changer eux-mêmes de façon à ce que leurs interactions créent à l'avenir des conditions qui permettent le questionnement et l'apprentissage. En conséquence, la pratique de la science-action suppose que l'on enseigne aux autres les habiletés requises pour pratiquer la science-action. » (p. 37)

23. Argyris, C. et Schön, D.A. (1974), *Theory in Practice : Increasing Professional Effectiveness*, San Francisco : Jossey-Bass ; Argyris, C. et Schön, D.A. (1978), *Organizational Learning : A Theory of Action Perspective*, Reading, Mass. : Addison-Westley Publishing Co. ; Argyris, C. (1983), *Reasoning, Learning, and Action*, San Francisco : Jossey-Bass Publishers ; Argyris, C. (1985), *Strategy Change and Defensive Routines*, Mashfield, Mass. : Putman Publishing Co. ; Argyris, C. (1990),

professionnelle universitaire[24]. C'est là qu'on retrouve présentement les modèles d'intervention les plus articulés.

Comme intervention, la science-action cherche à influencer les facteurs reliés à l'autodétermination ; elle amène les acteurs à modifier leurs intentions et non seulement leurs stratégies, lorsqu'ils veulent améliorer une situation jugée insatisfaisante[25]. C'est ce volet de la science-action qui est désigné ici par le terme praxéologie.

La recherche scientifique

Aborder la réalité humaine et sociale dans une perspective de science-action, c'est la regarder sous l'angle de l'interaction et utiliser un langage (**ROCÉ**) que caractérisent quatre mots clés : réfutabilité (**R**), ordre (**O**), causalité (**C**), élégance (**É**)[26].

Overcoming Organizational Defenses : Facilitating Organisational Learning, Boston : Allyn & Bacon ; Argyris, C. (1993), *Knowledge for action*, San Francisco : Jossey-Bass ; Torbert, W. (1991), *The Power of Balance*, Newbury Park, Cal. : Sage Publications.

24. Argyris, C., Putnam, R. et McLain Smith, D. (1985), *Action Science*, San Francisco : Jossey-Bass ; Grimmett, P.P. et Erickson, G.L. (Édit.) (1988), *Reflection in Teacher Education*, Vancouver, B.C. : Pacific Educational Press. ; Schön, D.A. (1983), *The Reflective Practitioner*, New York : Basic Books ; Schön, D.A. (1987), *Educating the Reflective Practitioner*, San Francisco : Jossey-Bass. ; Schön, Donald A. (Édit.) (1991) *The Reflective Turn, Case studies in and on educational practice.*, New York and London : Teachers College Press.

25. Argyris, C., Putnam, R. et McLain Smith, D. (1985), *Action Science,* San Francisco : Jossey-Bass : « Nous pouvons mettre en parallèle la façon courante et la façon propre à la science-action de considérer les échecs dans la production des effets visés. Selon l'épistémologie courante de la pratique, on se préoccupe des liens logiques entre la fin et les moyens utilisés. L'échec dans la production des effets visés conduit à la révision des moyens utilisés et à la recherche de moyens plus efficaces. Selon l'épistémologie de la science-action, on s'intéresse aussi bien à la façon de formuler le problème (*problem setting*) qu'au rapport entre la fin et les moyens ou qu'à la solution de problème. L'échec dans la production des effets visés peut, selon ce modèle, conduire à une réflexion sur le cadre de référence original et à la formulation différente du problème. Nous renvoyons au premier type de réflexion en parlant d'apprentissage à rétroaction simple (*single-loop learning*) et au second en parlant d'apprentissage à rétroaction double (*double-loop learning*). » (p. 52-53)

26. Argyris, C. (1980), *Inner Contradictions of Rigorous Research*, New York : Academic Press : « Les principales ressemblances entre la science normale et la science-action... sont que les deux valorisent beaucoup la réfutabilité (*public discomfirmation*), l'ordre, la causalité et l'élégance. Le savoir doit être produit dans une forme où il peut être contesté. On présume ainsi qu'il existe (ou plus précisément qu'on peut dégager) un ordre sous-jacent à tout ce qui se passe dans l'univers. En conséquence, la causalité devient le principal objet de compréhension. Ces trois caractéristiques étant traitées avec autant d'attention, la théorie qui contient le plus petit nombre de concepts et de postulats non vérifiés est celle qui sera préférée. » (p. 121)

La science-action tient un discours qui se prête à la vérification empirique, discours dont les énoncés peuvent être validés ou invalidés dans l'action, en un mot un discours réfutable.

La science-action adopte le postulat scientifique traditionnel qu'une observation rigoureuse permet de percevoir de l'ordre dans l'univers ; elle vise à formuler certaines lois qui affectent les activités humaines et sociales.

La science-action recherche les causes des phénomènes qu'elle étudie et, en conséquence, tient un discours qui propose des liens de causalité entre différents facteurs qui affectent cette réalité.

La science-action adopte également le principe scientifique de l'élégance, selon lequel on privilégie l'explication et la théorie qui nécessitent le plus petit nombre de concepts et de postulats non vérifiés.

La méthode de recherche utilisée dans une activité de science-action consiste essentiellement à établir des liens de cause à effet entre les intentions des acteurs, les choix stratégiques qu'ils font dans l'action et les effets observés dans l'environnement et sur eux-mêmes, puis à découvrir les régularités de l'action pour les organiser dans un tout cohérent (théorie, modèle, politique).

La recherche peut servir à faire progresser le savoir dans le cadre d'une discipline traditionnelle : psychologie, psychosociologie, sociologie, sciences administratives, sciences de l'éducation, philosophie, etc. Elle peut aussi contribuer à créer une science de l'intervention, en favorisant la conceptualisation et la diffusion de modèles d'intervention efficaces dans l'action[27].

Dans le cadre d'une activité de science-action, l'interprétation scientifique passe par l'acteur. Les choix de celui-ci sont considérés comme déterminants pour comprendre et modifier une situation. Dans cette perspective, il ne peut y avoir de recherche utile sans que l'acteur ou les acteurs concernés ne participent à part entière à la recherche en cours[28].

---

27. Pour un exemple d'un tel modèle, conceptualisé dans une démarche de science-action, voir Lescarbeau, R., Payette, M. et St-Arnaud, Y. (1990), *Profession consultant*, Montréal : Les Presses de l'Université de Montréal et Paris : Les Éditions de l'Harmattan. Voir aussi St-Arnaud, Y. (1993b).

28. Argyris, C., Putnam, R. et McLain Smith, D. (1985), *Action Science*, San Francisco : Jossey-Bass : « La science-action se propose de créer des voies alternatives au *statu quo* et de provoquer des apprentissages sur le plan des normes et des valeurs. La recherche vise surtout l'apprentissage à rétroaction double (*double-loop learning*) et l'éclatement des cadres de référence (*frame breaking*) ... La science-action défend et justifie sa position normative à travers une critique interne des principes épistémologiques du système client, qui demeure le juge ultime de la validité de la critique. » (p. 79)

La validité des énoncés est établie grâce à l'interaction entre les personnes concernées[29].

Par sa méthode, la science-action se distingue de la science appliquée traditionnelle lorsque celle-ci utilise une méthode de contrôle des variables où l'acteur ne peut avoir accès aux hypothèses du chercheur ; elle se distingue également de la recherche-action lorsque celle-ci emprunte à la science des instruments de mesure pour résoudre un problème d'action, sans viser pour autant à faire progresser les connaissances scientifiques[30].

29. Argyris, C., Putnam, R. et McLain Smith, D. (1985), *Action Science*, San Francisco : Jossey-Bass : « Voici quelques règles fondamentales de la science-action : toujours débuter au plus bas niveau de l'échelle d'inférence [énoncé de faits observables] ; formuler la signification (culturelle) que l'on donne aux faits, à l'échelon qui suit immédiatement, puis vérifier l'accord ; continuer vers l'échelon suivant uniquement si l'accord a été obtenu à l'échelon qui précède. » (p. 58)

30. Argyris, C., Putnam, R. et McLain Smith, D. (1985), *Action Science*, San Francisco : Jossey-Bass : « Nous aurions pu nous satisfaire du terme recherche-action (*action research*) mais deux facteurs s'y opposent. Premièrement, au cours des ans, la recherche-action a souvent été séparée de l'élaboration et de la validation de théories. Les leaders dans le domaine de la recherche sociale distinguent la recherche-action de la recherche fondamentale en affirmant que la visée de la recherche-action est de résoudre un problème important pour un client et non pas nécessairement de vérifier les éléments d'une théorie. Deuxièmement, plusieurs de ceux qui font de la recherche-action gèrent leur travail sur le terrain en suivant les idées courantes de la recherche scientifique traditionnelle. Le dilemme est qu'en raison de certaines des idées généralement admises au sujet de la recherche rigoureuse, on s'impose des limites. Pour atteindre un niveau de rigueur, la méthodologie peut devenir tellement dissociée de la réalité à comprendre qu'elle n'est plus utile. » (p. X)

ANNEXE 2

CORRIGÉ DES EXERCICES

CLASSIFICATION DES INTENTIONS (CORRIGÉ)

1) Pour chacune des formulations qui suivent, écrire un X dans la ou les cases qui correspondent à la catégorie ou aux catégories utilisées par l'acteur.

2) Compléter la formulation pour y inclure les trois composantes de l'intention en inventant, de façon arbitraire, les éléments qui manquent.

Stratégie :   « ... je voulais [verbe d'action : faire, dire, etc.]. »

Effet visé :   « ... je voulais que l'interlocuteur [verbe d'action : fasse, dise, etc.]. »

Motivation :   « ... je voulais être..., ou me sentir... ou verbe qui décrit une activité mentale de l'acteur, comme comprendre, résoudre un problème, etc. »

Nº de l'énoncé :	1	2	3	4	5	6	7	8
1. Stratégie	X	X				X		X
2. Effet visé			X	X		X	X	
3. Motivation					X		X	

1.   Dans cette interaction, je voulais... cesser la conversation téléphonique parce que j'étais en retard pour un rendez-vous.

2.   Dans cette interaction, je voulais... illustrer, pour monsieur Lebrun, comment on fait ce pansement.

3.   Dans cette interaction, je voulais... qu'il jette un coup d'œil sur le projet que j'avais préparé et me donne ses commentaires.

4.   Dans cette interaction, je voulais... qu'il me fixe un rendez-vous.

5.   Dans cette interaction, je voulais... être débarrassé d'une corvée.

6.   Dans cette interaction, je voulais... lui apporter tellement d'arguments (stratégie) qu'il serait obligé de donner son accord (effet visé).

7.   Dans cette interaction, je voulais... avoir le plaisir (motivation) de le voir démuni (effet visé).

8.   Dans cette interaction, je voulais... lui remettre ma démission.

Cycle de l'intention :

1.   Dans cette interaction, je voulais... cesser la conversation téléphonique parce que j'étais en retard pour un rendez-vous *et je voulais qu'il cesse de parler (effet visé) pour que je puisse répondre à mon besoin de ponctualité (motivation).*

2.   Dans cette interaction, je voulais... illustrer, pour monsieur Lebrun, comment on fait ce pansement pour *qu'il se dise capable de le faire lui-même (effet visé), de sorte que j'aurais eu le sentiment du devoir accompli (motivation).*

3.   Dans cette interaction, je voulais... qu'il jette un coup d'œil sur le projet que j'avais préparé et me donne ses commentaires ; *c'est pour cela que j'avais souligné les points importants (stratégie) et j'avais le goût de sentir sa reconnaissance (motivation).*

4.   Dans cette interaction, je voulais... qu'il me fixe un rendez-vous *et je lui apportais suffisamment d'éléments (stratégie) pour qu'il réponde à mon besoin de faire le point sur la situation dès que possible (motivation).*

5.   Dans cette interaction, je voulais... être débarrassé d'une corvée *et lui remettre un rapport (stratégie) qu'il considérerait comme final (effet visé).*

6.   Dans cette interaction, je voulais... *lui apporter tellement d'arguments (stratégie) qu'il serait obligé de donner son accord (effet visé), de sorte que je sentirais que j'avais gagné la partie (motivation).*

7.   Dans cette interaction, je voulais... *avoir le plaisir (motivation) de le voir démuni (effet visé) et je lui ai soumis un problème que je savais insoluble (stratégie).*

8.   Dans cette interaction, je voulais... lui remettre ma démission *pour me libérer d'une tâche impossible (motivation) et pour qu'il s'excuse d'avoir fait pression pour que j'accepte la tâche (effet visé).*

LA VISION PRESBYTE (CORRIGÉ)

Pour chacune des formulations qui suivent, reformuler l'intention de l'acteur en donnant un exemple de comportement que cet acteur semble attendre de son interlocuteur pendant l'interaction elle-même.

1.   Dans cette interaction, je voulais... que mon voisin vienne à la réunion du comité de surveillance de quartier.

     Pendant l'interaction, je voulais qu'il me promette d'être présent à la réunion ou accepte de voyager avec moi pour s'y rendre.

2.   Dans cette interaction, je voulais... que cette année, on fasse un voyage à la mer, mon mari et moi.

     Pendant l'interaction, je voulais que mon mari réagisse et donne son accord.

3.   Dans cette interaction, je voulais... que le client s'affirme davantage dans son milieu de travail.

     Pendant l'interaction, je voulais qu'il manifeste une détermination à poser des gestes concrets et qu'il me dise ce qu'il allait faire au cours de la semaine.

4.   Dans cette interaction, je voulais... que mon collègue me remette dès le lendemain le livre que je lui avais prêté.

     Pendant l'interaction, je voulais qu'il me dise à quelle heure il allait me rapporter le livre.

5.   Dans cette interaction, je voulais... que mon client soit à temps à ses rendez-vous.

     Pendant l'interaction, je voulais qu'il me démontre sa détermination à être désormais à temps.

6.   Dans cette interaction, je voulais... que le groupe en arrive à se passer de mes services d'animateur et se prenne en charge.

     Pendant l'interaction, je voulais que plusieurs membres du groupe se disent d'accord pour que je ne sois plus présent à partir de la prochaine réunion.

LES EFFETS PSYCHOLOGIQUES (CORRIGÉ)

Pour chacune des formulations qui suivent, reformuler l'intention de l'acteur en donnant un exemple de comportement que cet acteur semble attendre de son interlocuteur pendant l'interaction elle-même.

1. Dans cette interaction, je voulais... que l'interlocuteur soit honnête.

   Que l'interlocuteur manifeste clairement qu'il dit la vérité.

2. Dans cette interaction, je voulais... que l'interlocuteur soit rassuré.

   Que l'interlocuteur cesse de montrer des signes d'inquiétude et manifeste qu'il n'a plus peur.

3. Dans cette interaction, je voulais... que le client se sente libre de donner son opinion.

   Que le client donne son opinion ou me dise qu'il n'a pas d'opinion à émettre pour l'instant.

4. Dans cette interaction, je voulais... que mon collègue prenne conscience de son incohérence.

   Que mon collègue avoue que son comportement est incohérent.

5. Dans cette interaction, je voulais... que mon client ne s'attende pas à ce que je lui donne des recettes.

   Que mon client dise qu'il accepte de ne pas recevoir de recettes de ma part.

6. Dans cette interaction, je voulais... que le groupe se sente capable de se passer d'un animateur.

   Que plusieurs membres du groupe se disent d'accord pour que je ne sois plus présent à partir de la prochaine réunion.

ANALYSE DES STRATÉGIES (CORRIGÉ)

LE CAS CLAUDE (CORRIGÉ)	Information :			
	Entretien :			
	Facilitation :			
	Réception :			
Dominique, la mère d'un adolescent qui termine son secondaire, rencontre le conseiller en orientation de l'école de son fils au sujet d'une décision qu'elle doit prendre pour la suite des études de celui-ci.				

Le dialogue :	R	F	Er	Ic
– J'ai une décision à prendre au sujet de l'éducation de mon fils. L'an prochain, il va commencer ses études secondaires et nous avons discuté de deux possibilités : soit qu'il s'inscrive dans une institution privée comme pensionnaire, soit qu'il s'inscrive dans une polyvalente du système public. Lui, il est indifférent et de mon côté, je vois des avantages aux deux formules. Je lui ai dit que je consulterais pour avoir un point de vue professionnel. Voilà ce qui m'amène à vous rencontrer. J'aimerais avoir votre opinion.	i f f r f i			
1. Vous dites que vous en avez parlé avec votre fils ; qu'est-ce qui vous empêche d'arriver à une décision tous les deux ?		*F		
– Bien, on dit toutes sortes de choses sur la qualité de l'enseignement dans les polyvalentes : il y a tellement de monde que c'est devenu des boîtes à cours ; il n'y a pas vraiment de relations entre les professeurs et les étudiants ; c'est un lieu qui favorise la drogue et la violence. Par ailleurs, mon fils aimerait aller dans une institution privée, mais cela est impossible sans qu'il soit pensionnaire ; et il n'est pas certain qu'il aimerait cela. Moi aussi je suis inquiète, je crains qu'il soit considéré par ses amis comme un snob et un fils à papa.	f r a			
2. [Après plusieurs questions pour comprendre la nature de la situation] Je comprends, à la suite de ce que vous me dites, que la décision n'est pas facile à prendre ; mais c'est quand même à vous de la prendre.		F	*Er	

— Bien sûr ; je ne vous demande pas de décider à ma place, mais j'aimerais quand même avoir votre opinion professionnelle sur le type d'institution qui sera le meilleur pour mon fils.   i

3. Je peux réagir à certaines des informations que vous avez apportées et répondre à des questions précises que vous aimeriez me poser, mais à mon avis les deux types d'institution ont leurs avantages et leurs inconvénients et c'est vous, avec votre fils, qui devrez prendre la décision, en dernière analyse.   Er   Ic   Er

— Je suis d'accord avec ça.   i

4. Bon écoutez, le point que vous avez souligné concernant le caractère anonyme du système public est certainement un des inconvénients des polyvalentes. Mais pour ce qui est de la violence et de la drogue, je considère qu'il y a beaucoup d'exagération dans tout ce qu'on dit. Cela est ordinairement limité à certaines écoles bien particulières. On a tort de généraliser et de créer une psychose collective à ce sujet. D'autant plus que vous semblez avoir une bonne relation avec votre fils, et on sait que ce sont surtout les enfants qui sont en conflit avec leur milieu familial qui s'adonnent à la drogue.   Ic

— On dit aussi que les professeurs du système public sont mécontents de leurs conditions de travail, qu'ils sont blasés et n'ont plus la vocation.   f

5. Vous savez, dans tous les métiers il y a des gens mécontents ; je ne crois pas que ce soit pire dans les écoles du système public. Je ne crois pas que vous devriez retenir cet argument comme un argument valable.   Ic

— Je me suis laissé dire que même les fonctionnaires du ministère de l'Éducation envoient leurs fils dans des écoles privées parce qu'ils ne croient pas à la qualité de l'enseignement dans le système public.   f

6. À mon avis, cela ne veut pas dire grand-chose.   Ic

— Est-ce que je peux comprendre que vous êtes plutôt favorable au système public ?   r

7. Pas nécessairement, j'essaie seulement de vous donner une perception plus réaliste de ce qui se passe dans le système public et de dissiper les images erronées qui circulent dans le public.   Er

— Si vous étiez à ma place, qu'est-ce que vous décideriez ?   i

8. [En riant] Si j'étais à votre place, j'aurais moi aussi une décision difficile à prendre. Mais je ne suis pas à votre place.		Er
– Vous ne voulez pas répondre à cette question-là... Dites-moi alors ce que vous pensez de l'institution privée.	r i	
9. Je n'ai pas d'idée particulière. Y a-t-il des points précis sur lesquels vous aimeriez avoir de l'information ?	*F	Ic
– Bien, comme je vous l'ai dit, si mon fils s'inscrit dans une institution privée, il devra être pensionnaire. Je me demande si le fait de quitter la maison peut lui être dommageable.	f r	
10. C'est difficile à dire. Il est certain qu'il n'y a rien de mieux qu'un bon milieu familial pour favoriser la croissance d'un adolescent ; mais il arrive parfois que le fait de s'éloigner de son milieu familial favorise une plus grande autonomie ; surtout quand les parents exercent un contrôle excessif sur leurs enfants. Je ne vous connais pas mais, à première vue, vous ne m'apparaissez pas comme une personne particulièrement contrôlante.		*Ic
– Non, pas du tout. Mon fils a beaucoup de liberté.	r	
11. Est-ce que votre fils aime l'étude ?	*F	
– Oui, beaucoup. Il aime presque toutes les matières et il lit beaucoup ; ce n'est vraiment pas un problème pour lui. Pourquoi me demandez-vous cela ?	r i	
12. Bien, je pense à une des craintes que vous aviez au sujet du manque de relations personnelles entre les élèves et les professeurs dans le système public. Si votre fils étudie par lui-même et s'il aime l'étude, il devrait être moins affecté que s'il fallait toujours lui pousser dans le dos.		*Ic
– Avec tout ce que vous me dites, j'ai vraiment l'impression que si vous étiez à ma place, vous inscririez votre fils dans le système public. Est-ce que je me trompe ?	r i	
13. La question n'est pas de savoir ce que moi je ferais. Je vous ai dit que je ne veux pas vous influencer et je pense que vous avez tout ce qu'il faut pour prendre une bonne décision. Est-ce qu'il y a d'autres points que vous aimeriez discuter ?	*F	Er

– Non, je vais réfléchir à ce que vous m'avez dit et en discuter avec mon fils ; puis nous prendrons une décision. Peut-être que j'aurais avantage à consulter aussi quelqu'un qui travaille dans une institution privée.	i r			
14. Si vous voulez. Cela ne peut pas faire de tort.				*Ic
– Je vous remercie.	a			
Nombre d'interventions codées = 19 Nombre d'entrées ou de sorties du canal F (*) = 8 Pourcentage d'alternance : 8 / 19 = 42 %				

ANALYSE DU CAS BONAIDE (CORRIGÉ)

Analyse de l'efficacité

Consigne :

Dans le dialogue intitulé « Le cas Bonaide », déterminez la ou les causes de l'inefficacité de l'acteur, selon les catégories décrites dans le chapitre 2, puis évaluez comment, selon vous, l'acteur utilise le principe de l'autorégulation.

Réponse :

Selon l'intention que Bonaide a formulée au début du dialogue, il est évident qu'il n'a pas été efficace : Marc n'a pas reconnu qu'il n'y avait pas de solution « objective » à son problème et qu'il devait chercher en lui-même les éléments qui auraient pu le conduire à une solution satisfaisante pour lui.

Pourtant, le début semble efficace : Bonaide indique dans la colonne de gauche, vis-à-vis de la réplique de Marc à l'intervention n° 2, qu'il s'agit d'un comportement codé en vert ; son commentaire montre qu'il obtient l'effet visé : « J'aime bien quand il me parle de lui... »

Il me semble qu'on peut attribuer l'inefficacité surtout à des erreurs techniques. Marc manifeste à plusieurs reprises qu'il peut être en contact avec son vécu : interventions n° 2 –, n° 3 – (première phrase), n° 11 –. L'intention de Bonaide semble donc réaliste, mais à condition d'y mettre le temps et de trouver une stratégie pour l'amener à se centrer sur lui.

Dans l'ensemble du dialogue, Bonaide utilise plusieurs fois le principe de l'autorégulation.

Au n° 3 –, Bonaide constate que la stratégie du reflet a été efficace mais ne suffit pas ; aussitôt, on constate, dans la colonne de gauche, qu'il planifie un changement de stratégie : il faut recadrer ça. C'est ce qu'il fait au n° 5 et au n° 6.

Au n° 7 –, Bonaide constate à nouveau que le reflet ne produit pas l'effet visé ; aussitôt la stratégie est modifiée (« Je vais lui faire peur »), puis exécutée au n° 8.

Au n° 12 –, la dernière remarque de Bonaide indique, une fois de plus, une autoévaluation de l'inefficacité de la stratégie utilisée. Nous sommes au seuil de l'escalade puisque c'est le troisième comportement codé en rouge d'affilée, mais rien n'indique que Bonaide a épuisé son répertoire, de sorte qu'on peut s'attendre à ce que l'autorégulation continue.

Analyse de la structure

Consigne :

Identifiez la structure initiale (au point de départ) de la relation entre Bonaide et Marc, puis évaluez si le praticien tente d'appliquer la règle du partenariat présentée au chapitre 3.

Réponse :

La structure initiale est certainement une structure de service : c'est Marc qui s'adresse à Bonaide et qui formule une demande. C'est le client qui détermine le but : « je voudrais savoir ce qui est mieux pour elle » et, selon lui toujours, c'est Bonaide qui devrait lui fournir les éléments de solution : « on s'est dit que si on consultait un spécialiste, il nous donnerait peut-être des arguments... » (n° 3 –).

Plusieurs éléments du dialogue et de la colonne de gauche permettent de conclure que Bonaide tente d'appliquer la règle du partenariat.

Dès la deuxième intervention, il propose une cible qui aurait pour effet de rendre Marc plus actif.

Dans la colonne de gauche, vis-à-vis de l'intervention n° 5, Bonaide indique clairement qu'il perçoit Marc comme compétent pour prendre une décision.

Au n° 6, une cible nouvelle est proposée dans le but d'établir une structure de coopération ; à cet égard, le commentaire de la colonne de gauche est significatif : « Il faut que je restructure ça. »

L'intervention n° 6 elle-même souligne l'intention de Bonaide de créer une structure de coopération : « nous pourrions chercher ensemble... »

Malgré toutes les tentatives faites par Bonaide, il n'y a pas encore de cible commune au terme de cette séquence et Marc ne se perçoit pas encore comme compétent pour participer activement à la recherche d'une solution et encore moins pour décider ; il est encore à la poursuite d'une cible qu'il a proposée au début et qui traduit sa dépendance face à l'expert : « Je voudrais savoir ce qui est mieux pour elle. » La dernière phrase de Marc : « Vous pensez... » Il a commencé à regarder ce qu'il vit parce que Bonaide le ramène systématiquement à son vécu, mais si l'escalade n'est pas résolue et si Bonaide ne parvient pas à établir une structure de coopération, on risque même de se retrouver dans une structure de pression, Bonaide tenant absolument à ce que Marc, malgré lui, prenne la responsabilité de sa décision.

Analyse des stratégies

Consigne :

Dans les trois dernières colonnes qui apparaissent à droite du dialogue, indiquez, vis-à-vis des reparties de l'acteur, celles qui sont numérotées, quelques exemples de comportements codés en F, quelques exemples de comportements codés en Er et quelques exemples de comportements codés en Ic.

Évaluez si la règle de l'alternance a été ou n'a pas été appliquée par le praticien.

Réponse :

La règle de l'alternance est bien appliquée.

On constate d'abord que tous les canaux de communication ont été utilisés :

— huit interventions de facilitation : interventions n°s 1, 3, 4, 7, 9, 10, 11 et 12 ;

— quatre interventions d'entretien : interventions n°s 2 (qui est un camouflage ou une fausse question), 5, 6 et 8 ;

— une intervention d'information sur le contenu : intervention n° 5.

Le canal de réception a aussi été utilisé adéquatement, car on observe dans les répliques de Marc plusieurs indices d'un bon décodage empathique de la part de Bonaide, par exemple après les interventions n°s 3, 4 et 9. Dans l'intervention n° 5, Bonaide a également bien anticipé la réaction de déception de son interlocuteur. Le décodage communiqué à l'intervention n° 10 est moins réussi ; il entraîne une repartie codée en rouge par l'acteur.

L'alternance est de 54 %, ce qui est au-delà du seuil de 40 % considéré comme favorable à une relation de coopération.

Décodage empathique

Consigne :

Procédez au décodage empathique de l'information fournie par l'interlocuteur en identifiant des extraits du dialogue qui répondent aux quatre questions suivantes et en écrivant le code correspondant dans la colonne R.

Réponse :

1)   Quels sont les faits qu'il me communique ?

    Voir les endroits où la lettre f (minuscule) apparaît, dans la colonne R, à droite du dialogue.

2)   Qu'est-ce qu'il vit en mode rationnel ?

    Voir les endroits où la lettre r (minuscule) apparaît, dans la colonne R, à droite du dialogue.

3)   Qu'est-ce qu'il vit en mode affectif ?

    Voir les endroits où la lettre a (minuscule) apparaît, dans la colonne R, à droite du dialogue.

4)   Quelle est son intention ?

    Voir les endroits où la lettre i (minuscule) apparaît, dans la colonne R, à droite du dialogue.

LE CAS BONAIDE (CORRIGÉ)	Information :			
Acteur : Bonaide, travailleur social	**Entretien :**			
Interlocuteur : Marc, 38 ans	**Facilitation :**			
	Réception :			
Intention : Dans cette séquence d'interaction, je voulais... que Marc reconnaisse qu'il n'y avait pas de solution « objective » à son problème et qu'il cherche en lui les éléments qui auraient pu le conduire à une solution satisfaisante pour lui.				

Le vécu :	Le dialogue :	R	F	Er	Ic
	– Le problème pour lequel je viens consulter est un problème familial. Le père de ma femme vient de décéder et la conséquence est que ma belle-mère, qui a 73 ans, ne peut plus rester seule en appartement. Alors on a eu un conseil de famille et on a retenu deux possibilités : ou elle va en institution ou elle vient vivre chez nous. C'est ça que j'aimerais clarifier.	r f r f i			
Qu'est-ce qu'il attend de moi ?	1. Ça veut dire quoi, pour vous, clarifier ?		*F		
Pour elle ? *Jaune*	– Bien je voudrais savoir ce qui est mieux pour elle ?	i			
J'aimerais bien qu'il tienne compte de lui.	2. Voulez-vous qu'on regarde aussi ce qui serait mieux pour vous et votre famille ?		(f)=	*Er	
J'aime bien quand il me parle de lui... *Vert*	– Moi ça me paraît compliqué qu'elle vienne chez nous, mais ma belle-mère ne veut pas aller en institution ; elle fait pression sur ses filles ; elles sont trois	r f			

	dont ma femme. Nous sommes les seuls qui avons une maison assez grande pour la loger. Elle a aussi un fils mais il n'est pas marié et il est toujours parti en voyage ; il n'est pas question qu'elle vive chez lui.		r		
On a déjà les éléments de son ambivalence.	3. Je comprends que toute la pression porte sur vous et votre femme. C'est chez vous ou en institution.			*F	
Là, il est en contact avec son vécu. *Oups... je n'aime plus ça ; il faut recadrer ça si je suis pour l'aider.*	– Oui, et on trouve ça très dur, ma femme et moi. On s'est dit que si on consultait un spécialiste, il nous donnerait peut-être des arguments pour convaincre la Belle-mère que c'est mieux pour elle d'aller en		a i		
Jaune	institution.				
Allons-y mollo...	4. C'est ça que vous attendez de moi, des arguments pour convaincre votre belle-mère ?			F	
Jaune	– Oui.		i		
Il faut qu'il sache que c'est à lui de décider.	5. Je vais probablement vous décevoir, mais ils n'existent pas, ces arguments. Il n'y a pas de réponse standard à une situation semblable. Les deux solutions ont des avantages et des inconvénients et c'est à chaque famille de peser le pour et le contre.			*Er	Ic
Au moins le message passe. *Jaune*	– Ouais (ton de déception).		a		
Il faut que je restructure ça.	6. Ce que je peux vous offrir, c'est de vous aider à regarder d'abord ce que ça vous fait vivre, à vous, cette situation, puis à partir			Er	

	de ça, nous pourrions chercher ensemble la meilleure solution pour vous.							
Merde, il comprend pas... *Là, je commence à comprendre son dilemme.* *Jaune*	– Il n'y a pas juste moi là-dedans ; c'est toute la famille qui est concernée. Si je leur dis que je n'ai pas le goût qu'elle vienne vivre chez nous, ils vont me faire sentir que je suis mesquin.	r						
S'il pouvait se centrer là-dessus...	7. C'est comme ça que vous vous sentez quand vous pensez à refuser de prendre votre belle-mère chez vous ?		*F					
Ah ! non, pas encore... Il ne lâche pas. *Rouge*	– Vous pourriez me poser des questions sur le tempérament de ma belle-mère et là vous pourriez évaluer si c'est mieux pour elle qu'elle aille en institution.	i						
Je vais lui faire peur...	8. Et si j'évaluais que c'est mieux pour elle qu'elle aille vivre chez vous ?			*Er				
Bon, son idée est vraiment faite. *Jaune*	– Non, ce n'est pas possible parce que c'est une personne qui ne peut pas supporter le bruit et chez nous, avec deux ados à la maison et les amis ; c'est toujours le bordel dans la maison.	r f						
Essayons cette piste...	9. Vous avez déjà trouvé un argument pour recommander l'institution.		*F					
Évidemment... *Jaune*	– Je lui ai dit mais elle répond que le bruit ne la dérangera pas ; qu'elle a élevé trois filles et un garçon et qu'elle sait ce que c'est.	f						

Revenons à lui.	10. Pour vous, il semble que la solution serait qu'elle aille en institution.		**F**		
Rouge	– Bien, ça dépend.	r			
Faut pas que je lâche.	11. Ça dépend de quoi ?		**F**		
Ouais... la congruence, c'est pas pour aujourd'hui...	– Je ne voudrais pas qu'elle soit malheureuse. Puis ma femme est très près de sa mère... ; si elle pense que sa mère va déprimer en institution, elle ne me le pardonnera pas. Ma belle-mère n'est pas une personne désagréable et je voudrais être sûr que l'institution est ce qu'il y a de mieux pour elle.	i r a			
Il n'ose pas confronter sa femme ni sa belle-famille.					
Rouge					
	12. Plus vous en parlez, plus je pense que votre choix à vous ce serait que l'on place votre belle-mère en institution. Est-ce que j'ai raison ?		**F**		
Zut, il m'échappe encore.	– Vous pensez que ce serait une bonne chose pour elle ?	i			
Rouge					
Nombre d'interventions codées = 13 Nombre d'entrées ou de sorties du canal F (*) = 7 Pourcentage d'alternance = 7 / 13 = 54 %			8	4	1

ANALYSE DES STRATÉGIES

L'ENTRÉE DE SAM (CORRIGÉ)	Information :
Acteur : Sam	Entretien :
Interlocuteur : Val	Facilitation :
	Réception :

Intention : Dans cette séquence d'interaction, je voulais... compléter une entrée ; que l'interlocuteur se dise satisfait 1) de ma reformulation du problème, 2) de la planification de notre façon de travailler et 3) de l'objectif visé ; je voulais me sentir confiant de pouvoir l'aider.

Le vécu :	Le dialogue :	R	F	Er	Ic
Voyons d'abord ce qui l'amène.	1. [Après les salutations d'usage] Qu'est-ce que je peux faire pour toi ?		*F		
	– Je viens consulter pour un problème de couple.	r			
C'est dans mes compétences.	2. Oui...		F		
J'ai bien des choses à dire là-dessus.	– Je veux savoir ce que vous pensez des relations extra-conjugales.	i			
J'aimerais bien un peu plus de précision.	3. Ce que je pense des relations extra-conjugales... [ton réflexif].		F		
C'est bien vague...	– Oui, ... d'une personne mariée qui aurait une aventure.	i			
Je vais à la pêche...	4. Cette personne [bref silence], c'est toi ? Ou la personne avec qui tu vis ?		F		
Oh ! là là ! *On est loin du problème...*	– Ça pourrait être moi et ça pourrait être l'autre. J'ai reçu une éducation très stricte et la fidélité conjugale, dans ma famille, c'était sacré. Mais aujourd'hui, c'est bien différent. Croyez-vous qu'un couple peut se maintenir, si un des deux a une aventure ?	r / i			

J'essaye à nouveau.	5.	C'est une bonne question et on peut en parler ; mais, présentement, ce qui m'intéresse, c'est de savoir pourquoi, toi, tu te poses cette question ?			*Er	
Bon, ce n'est guère mieux.	–	Je vous la pose parce que je ne sais plus quoi penser.	r			
Je prends le risque...	6.	Bon, voici ce que je te propose. Puisque tu as demandé une consultation personnelle, j'ai supposé que la question se posait dans ton couple à toi et que, possiblement, tu voulais avoir mon avis parce que tu as une décision à prendre. Est-ce que je me trompe ?			Er	
				*F		
Bingo !	–	C'est exact (ton gêné).	i			
Voyons si on peut partir ensemble...	7.	D'accord. Je suggère alors que tu me dises comment tu vis le problème dans ton couple à toi. Puis à partir de ça, je pourrai t'aider à voir plus clair en toi, puis à faire des choix s'il y a lieu.			*Er	
Ça se précise...	–	Il n'y a pas de problème actuellement, mais ça pourrait venir...	r			
Est-ce que je comprends bien ?	8.	Ça pourrait venir si l'un de vous deux avait une aventure ?		*F		
OK.	–	Ben, c'est un peu ça.	r			
Dernière vérification...	9.	Es-tu d'accord avec la façon de travailler que je te propose ?		F		
C'est parti...	–	Oui.	i			

10. Bon ! Bien, allons-y. – Depuis un dizaine de jours .... [On entreprend l'exploration du problème.]	f			*Er	
Nombre d'interventions codées = 11 Nombre d'entrées ou de sorties du canal F (*) = 6 Pourcentage d'alternance = 6 / 11 = 55 %		7	4	0	

L'ASSOCIATION DES PROPRIÉTAIRES (CORRIGÉ)

La réponse à la première question est affirmative : on peut s'acquitter de ce mandat en utilisant une approche coopérative. Voici le projet de lettre qui traduit cette approche :

Cher Monsieur Paiepas,

Lors de sa dernière réunion, l'Assemblée des propriétaires du Lac Profond m'a confié le mandat de tout mettre en œuvre pour tenter de vous convaincre de payer votre cotisation pour les années 1994 et 1995. La somme totale pour les deux années est de 250 $.

Je suis dans l'embarras car j'ai peu d'arguments à vous apporter. Il y a bien quelques points que des membres ont signalés qui pourraient vous encourager à payer votre cotisation avant que votre nom ne soit rayé de la liste des copropriétaires de la plage et des chemins concernés ; mais j'hésite à faire pression sur vous, pour les raisons suivantes.

1) Il a été clairement établi que légalement rien ne vous oblige à demeurer membre de notre association ni à payer votre part des frais reliés à la propriété des chemins et de la plage. Comme tous les autres propriétaires de l'association, une clause de votre acte de vente protège votre droit de passage sur ces terrains, que vous soyez ou non membre de l'association. C'est donc une décision qui vous appartient.

2) Je présume que l'absence de réponse aux rappels que je vous ai fait parvenir au cours de l'année qui s'achève indique que votre décision est prise de vous retirer de l'association.

Pour éviter toute situation embarrassante, pour vous et pour moi, j'apprécierais que vous me confirmiez par écrit votre décision de vous retirer, si mon interprétation de votre silence est correcte. Cela me permettra d'ajuster en conséquence le montant de la cotisation que je dois solliciter bientôt auprès des membres en règle de l'association pour couvrir les dépenses de l'année en cours. Il vous suffira de cocher la case appropriée sur le feuillet ci-joint et de me le retourner dans l'enveloppe déjà affranchie qui accompagne cette lettre. Si j'ai mal interprété l'absence de réponse au cours de l'année qui se termine, vous pouvez me l'indiquer en cochant la case appropriée. Dans cette éventualité, je maintiendrai le montant de la cotisation à 125 $ pour l'année 1995 ; vous recevrez, comme les autres membres, l'avis annuel de cotisation et vous pourrez régler le montant global pour les deux années à ce moment-là.

Je vous remercie de votre attention et je vous prie, cher Monsieur Paiepas, d'accepter l'expression de mes sentiments les meilleurs.

Monique Encaissetout
secrétaire-trésorière

Pièces jointes

Association des propriétaires du Lac Profond

Je, soussigné, Alfred Paiepas, confirme que j'ai été informé que mon nom sera rayé de la liste des membres de l'Association des propriétaires du Lac Profond, si je n'ai pas acquitté le montant des cotisations de 1994 et 1995, pour une somme globale de 250 $, au premier avril 1995.

En conséquence, veuillez prendre note de la décision suivante :

[ ] Je me retire de l'Association des propriétaires du Lac Profond.

[ ] Je demeure membre de l'Association des propriétaires du Lac Profond et je m'attends à recevoir le prochain avis de cotisation.

Signature : _____ Date : _____

ÉVALUATION DU CAS KIM (CORRIGÉ)

---

1. L'intention de Kim était la suivante : « que chacun des membres se dise satisfait de la solution que nous aurions trouvée au problème. »

    Kim a-t-il été efficace (principe de l'autorégulation) ?

    [ ] OUI (Expliquez le critère d'efficacité utilisé.)

    [X] NON (Indiquez la cause de l'inefficacité.)

    Facteur qui échappait à son contrôle : refus de Carole d'accepter une solution qui reconnaîtrait à Dominique le droit d'être en retard.

2. Kim a tenté de trouver un intérêt commun pour l'ensemble des membres du groupe (règle du partenariat).

    A-t-il réussi ?

    [X] OUI (Expliquez en indiquant les n^{os} d'interventions qui illustrent sa réussite.) **Intervention qui suit le n° 2 : Les membres se disent d'accord.**

    [ ] NON (Expliquez en indiquant les n^{os} d'interventions qui illustrent sa non-réussite.)

3. Indiquez dans les colonnes, à droite du dialogue, les stratégies utilisées par Kim et calculez le pourcentage d'alternance (règle de l'alternance) :

    Voir le dialogue qui suit : L'échec de Kim (corrigé)

    A) Nombre de codes inscrits dans les colonnes = 12

    B) Nombre d'entrées et de sorties du canal de facilitation (*) = 9

    C) Pourcentage d'alternance (B / A) = 9 / 12 = 75 %

4. Kim a-t-il fait une bonne entrée (règle de la concertation) ?

    [X] OUI (Indiquez les n^{os} d'interventions qui correspondent à l'entrée.) **Les interventions n°s 1 et 2.**

    [ ] NON (Indiquez ce qu'il aurait dû faire pour faire une bonne entrée.)

5. Citez un passage où Kim montre qu'il applique la règle de la non-ingérence.

    Dans l'intervention n° 6, il accepte la réaction « irrationnelle » de Carole sans faire pression sur elle, pas plus qu'il n'a fait

pression sur Dominique : « Je comprend en particulier que Carole ne veut pas être « complice » du retard de Dominique, pour reprendre son expression. »

6.   Citez un passage où Kim montre qu'il applique la règle de la responsabilisation.

Toutes les interventions où Kim invite les membres du groupe à faire des choix ; par exemple, à l'intervention n° 2 : « Je ne sais pas si nous pouvons trouver une solution vraiment satisfaisante pour chacun d'entre vous. Je vous propose quand même d'essayer à nouveau et si, au terme de cette rencontre, nous n'avons rien trouvé, peut-être que vous devrez conclure qu'il n'y a rien à faire. Est-ce que cela vous convient ? »

ANALYSE DES STRATÉGIES (CORRIGÉ)

L'ÉCHEC DE KIM (CORRIGÉ)		Information :			

		Entretien :			
Acteur :	Kim, consultant	Facilitation :			
Interlocuteur :	Groupe de professionnels	Réception :			

Intention : Dans cette séquence d'interaction, je voulais... que chacun des membres se dise satisfait de la solution que nous aurions trouvée au problème.

Le vécu :	Le dialogue :	R	F	Er	Ic
Quand on m'a parlé de la situation, on parlait toujours du « retard de Dominique ».	1. [Après les salutations d'usage] Claude m'a exposé la situation qui fait problème ; je vais vous dire comment je la comprends et j'aimerais que vous me disiez si ma formulation vous convient.			Er	
J'espère qu'ils vont accepter mon recadrage.	Vous vous réunissez chaque semaine pour discuter des dossiers de clients ; votre temps est très limité et lorsqu'un membre du groupe arrive en retard, vous devez travailler sous pression pour compléter le travail dans le temps qui reste. Est-ce que cela vous semble bien nommer le problème que vous cherchez à résoudre ?		*F		
Pour Carole, le problème est vraiment « le retard de Dominique ».	– Carole : Le problème, c'est que c'est toujours la même personne qui arrive en retard.	f			
C'est intéressant. Claude travaille déjà dans la piste que j'ai proposée.	– Claude : [S'adressant à moi] Je suis d'accord avec votre formulation du problème. Il est arrivé que l'on ait très peu de dossiers à traiter et même si Dominique	r f			

était en retard, cela ne faisait pas problème parce qu'on finissait quand même à midi.

Je me sens prudent. Je sens beaucoup d'agressivité chez Carole à l'égard de Dominique.

2. Bon. J'aimerais vous dire comment je vois ce qu'on peut faire aujourd'hui. Vous avez déjà essayé plusieurs moyens pour trouver une solution et, à première vue, le problème semble insoluble. Je ne sais pas si nous pouvons trouver une solution vraiment satisfaisante pour chacun d'entre vous. Je vous propose quand même d'essayer à nouveau et si, au terme de cette rencontre nous n'avons rien trouvé, peut-être que vous devrez conclure qu'il n'y a rien à faire. Est-ce que cela vous convient ?

*Er

*F

Bon, ça progresse.

– [Les membres se disent d'accord.]

i

J'espère qu'en parlant de Claude plutôt que de Dominique, Carole pourra aussi faire un effort pour chercher des solutions.

3. Je vous propose un exercice. Imaginez que Claude vous annonce aujourd'hui que la semaine prochaine, il a un engagement à l'extérieur et arrivera à la réunion avec 15 minutes de retard ; la question que je vous pose est la suivante : qu'est-ce qui pourrait être fait pour que vous ne soyez pas obligés de travailler sous pression pendant les 45 minutes qui resteront, en supposant que vous aurez autant de dossiers à traiter que d'habi-tude ? J'aimerais que chacun prenne une

*Er

C'est pas un succès...

Je vais faire une autre tentative en étant le plus descriptif possible.

minute pour y penser. [Après une minute] Est-ce que vous avez trouvé quelque chose ?

*F

– Dominique : Bien, au moins je me sentirai moins coupable si j'arrive en retard.

a

– Carole : Bien, moi je ne viendrai pas niaiser ici pendant 15 minutes. J'arriverai à 11 h 15, mais c'est clair qu'on va devoir travailler sous pression. La seule différence, c'est que cette fois ce ne sera pas à cause de Dominique, mais à cause de Claude. Au moins, si on le sait d'avance, c'est moins pire.

i

r

4. Vous ne voyez aucun moyen pour éviter de travailler sous pression. J'aimerais quand même que nous regardions ce qui se passe lorsque tout le monde est à l'heure et qu'est-ce qui se passe lorsqu'un membre du groupe arrive en retard. J'ai essayé de me représenter la situation. Dites-moi si je me représente bien ce qui se passe : vous entrez dans la pièce et la secrétaire a déposé sur la table les 7 ou 8 dossiers que vous devez traiter. Je suppose qu'il vous faut environ 10 ou 15 minutes pour lire ces dossiers sur lesquels vous avez des décisions à prendre. Après cela, vous discutez et vous prenez des décisions que vous notez dans les dossiers.

F

*Er

*F

	Donc, en temps normal, une fois que chacun a lu les dossiers, vous avez besoin d'échanger pendant environ 45 minutes pour ne pas travailler sous pression. Si un membre du groupe arrive en retard, même si les deux autres ont commencé à lire les dossiers avant son arrivée, il faut attendre que la personne en retard ait lu tous les dossiers avant de commencer la discussion et donc vous travaillez sous pression. Est-ce que je me représente bien ce qui se passe ?	
	– [Les membres acquiescent.]	
Je suis content de cette solution qui me semble résoudre le problème tel que je l'ai formulé au début.	5. J'ai une suggestion à faire. Comme les dossiers sont tous terminés le vendredi qui précède, serait-il possible pour une personne qui risque d'être en retard de neutraliser les effets de ce retard en lisant les dossiers avant la réunion hebdomadaire ?	*Ic
Bravo ! Cette fois on y est.	– Dominique : Oui, c'est possible. Je peux arriver dix minutes plus tôt le lundi matin. Le matin, je n'ai pas de difficulté ; c'est avec les clients que j'ai de la difficulté à finir à temps les entrevues.	r
Merde ! Là, je pense qu'on n'en sortira pas. *Pour Carole, c'est Dominique le problème*	– Carole : Je ne suis pas d'accord. Ce serait l'encourager à être en retard et moi je ne marche pas. La réunion est à 11 h 00 et il faut	r i

	qu'elle s'arrange pour être à l'heure.	r			
C'est l'escalade. Plus on insiste, plus Carole se durcit.	– [Plusieurs tentatives infructueuses de Claude et de Dominique pour convaincre Carole que le retard est un moindre mal, si au moins on arrive à travailler sans pression.]				
Je ne crois pas qu'on puisse aller plus loin.	6. Bon, écoutez, le temps que nous nous étions donné est écoulé. Je constate que nous n'avons pas réussi à trouver une solution satisfaisante pour chacun. Je comprends en particulier que Carole ne veut pas être « complice » du retard de Dominique, pour reprendre son expression. Peut-on quand même retenir que si Dominique fait de la prévention et lit les dossiers avant 11h00 lundi matin, on aura amélioré la situation ? – [Silence de Carole mais les deux autres acquiescent.]		*F		Er
Nombre d'interventions codées = 12 Nombre d'entrées ou de sorties du canal F (*) = 9 Pourcentage d'alternance = 9 / 12 = 75 %			6	5	1

ANNEXE 3

PRINCIPE DE L'ALTERNANCE
ET RÈGLES DE FONCTIONNEMENT

Énoncés	Aide-mémoire
PRINCIPE DE L'AUTORÉGULATION S'ADAPTER EN FONCTION DE L'EFFET PRODUIT J'évalue continuellement l'effet produit chez mon interlocuteur en fonction de mon intention et, au premier signe d'escalade, je modifie soit ma stratégie, soit mon intention.	*Savoir ce qu'on veut et vouloir ce qu'on peut.*
RÈGLE DU PARTENARIAT CHERCHER ET NOMMER UN INTÉRÊT COMMUN Quelle que soit la structure de la relation au point de départ — structure de pression ou structure de service —, je crée un partenariat en cherchant avec mon interlocuteur un objectif vers lequel nos intérêts convergent de façon à pouvoir travailler ensemble.	*Pourquoi se battre lorsqu'on peut être alliés ?*
RÈGLE DE L'ALTERNANCE CHANGER SOUVENT DE CANAL DE COMMUNICATION J'utilise des canaux de communication spécifiques pour la réception, la facilitation, l'entretien et l'information ; j'alterne systématiquement entre la fonction de facilitation et les autres fonctions.	*Le plus court chemin n'est pas la droite.*

RÈGLE DE LA CONCERTATION GÉRER LE PROCESSUS DE COMMUNICATION Je prends le temps de préparer le terrain par une entrée où j'annonce mes intentions ; puis je préviens ou supprime les obstacles en donnant de l'information sur le processus.	*Rien ne sert de courir, il faut partir ensemble.*
RÈGLE DE LA NON-INGÉRENCE RECONNAÎTRE SES LIMITES ET SUPPRIMER L'INGÉRENCE Lorsque je vise un changement, je reconnais les limites de mon pouvoir, puis j'utilise celui-ci sans interférer avec le pouvoir de mon interlocuteur ; j'évite l'ingérence et la complicité avec l'ingérence pour favoriser les choix personnels.	*Prendre sa place, toute sa place et rien que sa place.*
RÈGLE DE LA RESPONSABILISATION RESPECTER ET SE FAIRE RESPECTER Je nous traite, mon interlocuteur et moi, comme des êtres uniques, capables de faire des choix personnels.	*Chacun a le droit d'être ce qu'il est.*

BIBLIOGRAPHIE

ADAMS, L. (1993), *Communication efficace*, Montréal : Le Jour, Actualisation.

ARGYRIS, C. (1980), *Inner Contradictions of Rigorous Research*, New York : Academic Press.

ARGYRIS, C. (1983), *Reasoning, Learning, and Action*, San Francisco : Jossey-Bass Publishers.

ARGYRIS, C. (1985), *Strategy Change and Defensive Routines*, Mashfield, Mass. : Putman Publishing Co.

ARGYRIS, C. (1990), *Overcoming Organizational Defenses : Facilitating Organisational Learning*, Boston : Allyn & Bacon.

ARGYRIS, C. (1993), *Knowledge for Action*, San Francisco : Jossey-Bass.

ARGYRIS, C. et SCHÖN, D. A. (1974), *Theory in Practice : Increasing Professional Effectiveness*, San Francisco : Jossey-Bass.

ARGYRIS, C. et SCHÖN, D. A. (1978), *Organizational Learning : A Theory of Action Perspective*, Reading, Mass. : Addison-Wesley Publishing Co.

ARGYRIS, C., PUTNAM, R. et MCLAIN SMITH, D. (1985), *Action Science*, San Francisco : Jossey-Bass.

AUGER, L. (1974), *S'aider soi-même : une psychothérapie par la raison*, Montréal : Les Éditions de l'Homme.

AUGER, L. (1977), *Vaincre ses peurs*, Montréal : Les Éditions de l'Homme.

AUGER, L. (1979), *Vivre avec sa tête ou avec son cœur*, Montréal : Les Éditions de l'Homme.

BRAMMER, L. M. (1985), *The Helping Relationship, Process and Skills, Third Edition*, Englewood Cliffs, N. J. : Prentice-Hall.

BUCK, R. (1976), *Human Motivation and Emotion*, New York : John Wiley and Sons.

CORNELL, A. W. (1993a), *The Focusing Guide's Manual (Third Edition)*, Berkeley, Cal. : Focusing Resources.

CORNELL, A. W. (1993b), *The Focusing Student's Manual, (Third Edition)*, Berkeley, Cal. : Focusing Resources.

CRAIG, J. H. et CRAIG, M. (1974), *Synergic Power, Beyond Domination and Permissiveness*, Berkeley, Cal. : Proactive Press.

CROZIER, M. et FRIEDBERG, E. (1977), *L'acteur et le système*, Paris : Éditions du Seuil.

DECI, E. L. et RYAN, R. M. (1985), *Intrinsic Motivation and Self-Determination in Human Behavior*, New York : Plenum Press.

DECI, E. L. (1975), *Intrinsic Motivation*, New York : Plenum Press.

DELORME, A. (1982), *Psychologie de la perception*, Montréal : Éditions Études vivantes.

EGAN, G. (1987), *Communication dans la relation d'aide*, Montréal : Les Éditions HRW ; traduction de *The Skilled Helper*, Third Edition, (1986), Belmont, Cal. : Brooks/Cole Publishing Co.

ELLIS, A. (1973), *Humanistic Psychotherapy : The Rational Emotive Approach*, New York : The Julian Press.

ELLIS, A. et GRIEGER, R. (1977), *Handbook of Rational-Emotive Therapy*, New York : Springer.

FESTINGER, L., RIECKEN, H. et SCHACHTER, S. (1956), *When Prophecy Fails*, Minneapolis : University of Minnesota Press.

FRANKL, V. E. (1967), *Psychotherapy and Existentialism : Selected Papers on Logotherapy*, New York : Washington Square Press.

FRANKL, V. E. (1969), *The Will to Meaning*, New York : A Plume Book from New American Library.

FRIEDBERG, E. (1993), *Le pouvoir et la règle, dynamique de l'action organisée*, Paris : Seuil.

GENDLIN, E. (1992), *Focusing : Au centre de soi*, Montréal : Le Jour, Actualisation.

GIBB, J. (1978), *Les clefs de la confiance*, Montréal : Le Jour, Actualisation.

GOBLE, F. (1970), *The Third Force*, New York : Grossman Publishers.

GOODSTEIN, L. R. (1978), *Consulting with Human Service Systems*, Don Mills, Ont. : Addison-Wesley.

GRIMMETT, P. P. et ERICKSON, G. L. (édit.) (1988), *Reflection in Teacher Education*, Vancouver, B.C. : Pacific Educational Press.

GROUPE DE LISBONNE (1995), *Limites à la compétitivité : vers un nouveau contrat mondial,* Montréal : Boréal.

HARLOW, H. F. (1962), « The Heterosexual Affectional System in Monkeys », *in American Psychology,* 17, I-9, 54.

HÉTU, J.-L. (1990), *La relation d'aide, éléments de base et guide de perfectionnement,* Boucherville : Gaëtan Morin Éditeur.

ITTELSON, W. H. (1960), *Visual Space Perception,* New York : Springer Publishing.

KLUCKHOHN, C et MURRAY, H. (1948, 1956), « Personality Formation : the Determinants », *in* Kluckhohn, C. et Murray, H. (Eds.), *Personality in Nature, Society and Culture.* New York : Alfred A. Knopf.

LESCARBEAU, R., PAYETTE, M. et ST-ARNAUD, Y. (1990), *Profession consultant,* Montréal : Les Presses de l'Université de Montréal et Paris : Les Éditions de l'Harmattan.

LEWIN, K. (1948), *Resolving Social Conflicts,* New York : Harper & Row.

LEWIN, K. (1951), *Field Theory in Social Science,* New York : Harper & Row.

LEWIN, K. (1959), *Psychologie dynamique :* Paris : Les Presses Universitaires de France.

MASLOW, A. H. (1970), *Motivation and Personality,* New York : Harper.

NUTTIN, J. (1980), *Théorie de la motivation humaine,* Paris : Les Presses Universitaires de France.

PAGÈS, M. (1965), *L'orientation non-directive en psychothérapie et en psychologie sociale,* Paris : Dunod.

PAQUETTE, C. (1990), *L'effet caméléon,* Montréal : Québec/Amérique.

PELLETIER, L. G. et VALERAND, R. J. (1993), « Une perspective humaniste de la motivation : les théories de la compétence et de l'autodétermination », *in* Valerand, R. J. et Thill, E. E. (édit.), *Introduction à la psychologie de la motivation,* Laval : Éditions Études vivantes, chap. 6.

QUÉRÉ, L. (1991), « D'un modèle épistémologique de la communication à un modèle praxéologique », *in Réseaux,* n° 46-47.

REBER, A. S. (1993), *Implicit Learning and Tacit Knowledge,* New York : Oxford University Press.

ROGERS, C. R. et STEVENS, B. (édit.) (1967), *Person to Person,* Lafayette, (Cal.) : Real People Press.

ROGERS, C. R. (1968), *Le développement de la personne,* Paris : Dunod.

ROGERS, C. R. (1977), *Carl Rogers on Personal Power*, New York : Delacorte Press ; traduit en français sous le titre : *Un manifeste personnaliste*, Paris : Dunod (1979).

SCHEIN, E. H. (1969), *Process Consultation : Its Role in Organization Development*, Don Mills, Ont. : Addison-Wesley.

SCHÖN, D. A. (1981), « Generative Metaphor : A Perspective on Problem-Setting in Social Policy », *in* Ortony, A. (édit.) (1981), *Metaphor and Thought*, Cambridge : University Press ; traduction française *in* Tessier, R. et Tellier, Y. (édit.) (1992), *Changement planifié et développement des organisations*, Québec : Les Presses de l'Université du Québec, tome 7 : Méthodes d'intervention : consultation et formation, chap. 13, p. 311-344.

SCHÖN, D. A. (1983), *The Reflective Practitioner, How Professionnals Think in Action*, New York : Basic Books. Traduction française par Heynemand, J. et Gagnon, D. (1994), *Le praticien réflexif, À la recherche du savoir caché dans l'agir professionnel*, Montréal : Les Éditions Logiques.

SCHÖN, D. A. (1987), *Educating the Reflective Practitioner*, San Francisco : Jossey-Bass.

SCHÖN, D. A. (édit.) (1991) *The Reflective Turn, Case Studies in and on Educational Practice*, New York and London : Teachers College Press.

SCHÖN, D. A. et REIN, M. (1994), *Frame Reflection*, New York : Basic Books.

ST-ARNAUD, Y. (1979), *Psychologie, modèle systémique*, Montréal : Les Presses de l'Université de Montréal.

ST-ARNAUD, Y. (1982a), *La personne qui s'actualise*, Chicoutimi : Gaëtan Morin Éditeur.

ST-ARNAUD, Y. (1982b), « Le facteur d'incertitude en psychologie », *in Revue québécoise de psychologie*, vol. 3, n° 2.

ST-ARNAUD, Y. (1983), *Devenir autonome*, Montréal : Le Jour, Éditeur.

ST-ARNAUD, Y. (1992), *Connaître par l'action* , Montréal : Les Presses de l'Université de Montréal.

ST-ARNAUD, Y. (1993a), « Pratique, formation et recherche, une histoire de poupées russes », *in* Serre, F. (édit.), *Recherche, formation et pratiques en éducation des adultes*, Sherbrooke : Éditions du CRP, Université de Sherbrooke, chap. 12.

ST-ARNAUD, Y. (1993b), « Guide méthodologique pour conceptualiser un modèle d'intervention », *in* Serre, F. (édit.), *Recherche, formation et pratiques en éducation des adultes*, Sherbrooke : Éditions du CRP, Université de Sherbrooke, chap. 8.

TESSIER R., « Relations de pouvoir et structure des buts. Une typologie des tactiques de changement social intentionnel », *in* Tessier, R. et Tellier, Y. (édit.) (1991), *Changement planifié et développement des organisations*, Québec : Les Presses de l'Université du Québec, tome 5, chapitre 9.

TORBERT, W. (1991), *The Power of Balance*, Newbury Park, Cal. : Sage Publications.

VALERAND, R. J. et THILL, E. E. (édit.) (1993), *Introduction à la psychologie de la motivation*, Laval : Éditions Études vivantes.

WATZLAWICK, P., WEEKLAND, J. et FISCH, R. (1974), *Change : Principles of Problem Formation and Problem Resolution*, New York, Norton and Co. ; traduit en français sous le titre : *Changements : paradoxe et psychothérapie*, Paris : Seuil, 1975.

WEINER, B. (1980), *Human Motivation*, New York : Holt Reinhart.

WHITE, R. W. (1959), « Motivation Reconsidered : The Concept of Competence », *in Psychological Review*, 66, 1959.

ZAZZO, R. *et al.* (1974), *L'attachement*, Paris, Neuchatel : Delachaux et Niestlé.

Le papier utilisé pour cette publication satisfait aux exigences minimales contenues dans la norme American National Standard for Information Sciences – Permanence of Paper for Printed Library Materials, ANSI Z39.48-1992.

Achevé d'imprimer en septembre 1995 chez

à Boucherville, Québec